人力资源
积极行为激励机制研究
——基于人力资源归因理论

首都经济贸易大学出版社
Capital University of Economics and Business Press
·北京·

图书在版编目（CIP）数据

人力资源积极行为激励机制研究：基于人力资源归因理论/郑海涛著． —北京：首都经济贸易大学出版社，2023.12

ISBN 978-7-5638-3626-0

Ⅰ.①人… Ⅱ.①郑… Ⅲ.①企业管理-人力资源管理-研究 Ⅳ.①F272.92

中国国家版本馆 CIP 数据核字（2024）第 004729 号

人力资源积极行为激励机制研究——基于人力资源归因理论
郑海涛 著
RENLI ZIYUAN JIJI XINGWEI JILI JIZHI YANJIU

责任编辑	彭伽佳
封面设计	砚祥志远·激光照排 TEL：010-65976003
出版发行	首都经济贸易大学出版社
地　　址	北京市朝阳区红庙（邮编 100026）
电　　话	（010）65976483　65065761　65071505（传真）
网　　址	http://www.sjmcb.com
E- mail	publish@cueb.edu.cn
经　　销	全国新华书店
照　　排	北京砚祥志远激光照排技术有限公司
印　　刷	北京建宏印刷有限公司
成品尺寸	170 毫米×240 毫米　1/16
字　　数	168 千字
印　　张	12.5
版　　次	2023 年 12 月第 1 版　2023 年 12 月第 1 次印刷
书　　号	ISBN 978-7-5638-3626-0
定　　价	58.00 元

图书印装若有质量问题，本社负责调换
版权所有　侵权必究

前　言

习近平总书记在党的二十大报告中提出要实施科教兴国战略，强化现代化建设人才支撑，深入实施人才强国战略，强调人才是第一资源，并明确要深化人才发展体制机制改革，真心爱才、悉心育才、倾心引才、精心用材。二十大报告专门用一节内容部署人才工作，把人才强国战略摆在了更加突出的位置，彰显了党中央对新时代人才工作的高度重视，而人才的使用又是其中的一个重要方面。我国是人口大国，拥有数量庞大的劳动力群体，然而人均劳动生产力不高的问题仍然是当前我国迈向社会主义强国、实现共同富裕重大战略的阻碍之一。本书正是基于计划行为理论框架，以提升人力资源效能为根本目的，以人力资源归因为切入点，以企业员工知识共享为积极行为表现，从人力资源开发视角探索激发企业人才积极行为的新思路及其中的过程机制。

自古希腊时期以来，有关知识是什么这一问题就广受关注，众多学者赋予知识不同的概念内涵。在管理学领域，日本著名管理学大师野中郁次郎等人对知识给出的定义是：知识是经过验证的真实信念，能够在竞争的和动态的经济活动中提供持续竞争优势的关键组织资源。本书即采用这一定义作为知识的基本内涵。从宏观上看，知识在经济社会中的作用一直受到广泛重视，在信息时代，知识经济已成为经济发展的重要引擎。从微观层面看，知识的价值已超过资本、劳动力和土地等，成为当今各公司持续追求的关键资源。与其他资源不同，知识具有可以重复利用和边际效益递增的独特优势，基于此，知识管理作为获取、共享、整合和利用知识的重要举措，也成为近年来学术界和管理实践领域关注的热点，而知识共享，无疑在知识管理中扮演着重要的角色。

进入20世纪，围绕知识共享行为产生机理等问题的理论研究逐步受到众多学者的关注，产生了大量研究文献。从已有研究成果来看，虽然前人已做了部分有关知识共享行为前因变量的研究，但仍缺乏从人力资源管理实践动机认知出发的系统性结构阐释体系。人力资源归因最早由Nishii、Lepak和Schneider提出，该概念基于Weiner的归因理论，结合人力资源管理实践发展而来，是指个体对于特定的人力资源管理动机所做出的因果关系解释。人力资源归因可分为承诺型人力资源归因和控制型人力资源归因，这两个维度对于个体行为的预测作用在以往研究中均得以验证。本研究针对知识共享行为在现实中遇到的问题，以计划行为理论为框架基础，以期从人力资源归因这一全新的视角予以剖析和解决。

对人力资源归因变量的测量主要基于Nishii等开发的量表，但在实际操作中，该量表表现出题项数量过多、题项内容稳定性不足，以及无法完全适应我国情境等局限性。因此，本研究严格参照Nishii等及国内学者翁清雄等使用量表开发的步骤，对量表进行了修订，包括量表的翻译与回译、内容的补充与调整、两次预试等，并以修订后的量表作为后续实证分析的调查工具。修订后的量表题目数量大幅精简，信度、效度较高，符合我国企业实情，能够在后续国内有关研究中为学者提供参考。

本研究的实证分析部分所使用样本为来自北京、黑龙江、陕西、新疆等地的327位金融行业从业人员，采取问卷调查的方式获取数据信息，通过SPSS 20.0和AMOS 20.0分析软件分别对问卷数据进行信度和效度检验以及同源偏差分析，确保量表和问卷数据的质量。在数据分析环节，运用多层次线性回归分析方法和PROCESS V3.2程序进行了模型的路径分析，结果显示大部分研究假设都获得了支持。模型的主效应人力资源归因对知识共享行为存在显著影响，其中承诺型人力资源归因能够正向预测知识共享行为，而控制型人力资源归因能够负向影响知识共享行为。模型主效应的发生机理也在计划行为理论的支撑下得以揭示，即：承诺型人力资源归因能够分别通过知识共享态度和意愿、知识共享主观规范和意愿、知识共享知觉行为控制和意愿形成连续中介作用，正向预测知识共享行为；控制型人力资源归因能够分别通过知识共享态度和意愿、知识共享知觉行为控制和意愿形成连续中介作用，负向预测知识共享行为。与其他已有的相关研究结果类似，本书的研究结论再次证实，相较控制型人力资源归因，做出承诺型人力资源归因的个体往往会表现出更多积极的行为。研究同时发现，控制型人力资源归因对知识共享主观规范的影响，知识共享主观规范在控制型人力资源归因对知识共享意愿影响中的中介作用，以及知识共享主观规范和知识共享意愿在控制型人力资源归因对知识共享行为影响中的连续中介作用并不显著，上述假设未能获得验证的原因在第六章做了解释。

本书的主要理论创新体现在以下几方面：首先，弥补了人力资源归因对知识共享行为影响的研究缺陷。本书在已有研究基础上，引入人力资源归因理论，从全新视角探讨了知识共享行为的影响因素，对该研究领域形成有效补充。其次，拓展了人力资源归因概念在实证中的应用。本书通过实证分析，对人力资源归因在个体态度、感知和意愿方面的影响效应研究进行了重要补充，进一步验证了人力资源归因概念在我国情境下的理论价值。再次，对人力资源归因量表做了大幅度本土化修订。修订后的量表不但题目数量大幅精简，提升了使用效率，还纳入了"提升企业外部形象"这一更加符合我国国情的题项，能够为后续有关研究提供借鉴。最后，验证了计划行为理论整体框架及其内部稳定性。本书通过对计划行为理论框架内部因素间的关系进行验证，表明该理论内部结构稳定，在我国情境下具有一定的预测作用。

　　本书的主要管理启示有以下三点：第一，提升对员工人力资源归因的重视程度。企业在制定和实施人力资源管理政策时，除聚焦效率提升外，也要注重对员工幸福感、服务质量和外部形象的提升，这些因素往往会激发员工的积极行为。第二，对员工人力资源归因形成有效引导。在现实场景中，员工难免曲解企业人力资源实践管理的动机，因此，企业需要通过培训、沟通等更加积极主动的方式，将人力资源管理的初衷传达给组织内员工，引导其承诺型人力资源归因的形成。第三，从态度、主观规范、知觉行为控制等多方面引导员工知识共享。研究发现，员工对于知识共享行为的个人喜好程度、对公司领导支持其知识共享行为程度的感知以及自身能够进行知识共享行为的自信程度的感知，都能够最终影响知识共享行为，企业可将这几方面作为切入点，多管齐下，激发员工的知识共享行为。

　　本研究的局限性主要表现为样本选取可以更为科学，对变量的控制可以更为严谨，以及计划行为理论作为全文理论框架，自身还存在可以进一步完善之处等方面。

　　未来的研究方向主要体现在以下四点：首先，对人力资源归因理论的实证研究还有进一步丰富的可能。其次，对于人力资源归因影响知识共享行为的作用机理可以进行更为深入的探究。再次，未来研究可以聚焦现有研究中结论不一致的部分，进一步探讨其原因。最后，在条件允许的情况下，未来可使用更为严谨的研究方法及更大数量的样本再次对研究结论进行验证。

目 录

第1章 绪论 ··· 1
  1.1 研究背景 ·· 1
  1.2 研究目的 ·· 10
  1.3 研究内容 ·· 10
  1.4 研究意义 ·· 11
  1.5 研究方法 ·· 14
  1.6 结构安排与研究技术路线 ··· 15

第2章 文献述评 ··· 17
  2.1 人力资源归因 ·· 17
  2.2 人力资源知识共享积极行为 ······································ 34
  2.3 主观规范的相关研究 ··· 56
  2.4 知觉行为控制的相关研究 ··· 57
  2.5 计划行为理论的相关研究 ··· 59

第3章 人力资源归因量表的修订 ····································· 61
  3.1 已有人力资源归因量表介绍 ······································ 61
  3.2 已有人力资源归因量表的局限性 ······························· 62
  3.3 人力资源归因类量表的正式修订 ······························· 66

第 4 章 理论基础与研究假设 ······ 81
4.1 理论基础 ······ 81
4.2 研究假设 ······ 82
4.3 假设汇总 ······ 101
4.4 研究模型 ······ 103

第 5 章 实证研究 ······ 104
5.1 研究设计 ······ 104
5.2 信度和效度分析 ······ 109
5.3 同源方法检验 ······ 115
5.4 描述性统计与相关分析 ······ 116
5.5 假设验证 ······ 116
5.6 假设结论及知识共享路径 ······ 141

第 6 章 研究结论与讨论 ······ 145
6.1 研究结论 ······ 145
6.2 理论贡献 ······ 149
6.3 实践贡献 ······ 152
6.4 研究的局限 ······ 154
6.5 未来的研究方向 ······ 155

附 录 ······ 159
调研问卷一（第一阶段） ······ 159
调研问卷二（第二阶段） ······ 161
调研问卷三（第二阶段） ······ 163

参考文献 ······ 164

图目录

图 1-1　研究技术路线图 ………………………………………… 16
图 3-1　人力资源归因二维结构方程模型标准化路径图 ………… 79
图 4-1　本书研究框架模型 ……………………………………… 103
图 5-1　知识共享路径结构图 …………………………………… 143

表目录

表 2-1	人力资源归因的分类	26
表 2-2	已有人力资源归因相关研究情况	26
表 2-3	知识共享划分维度	37
表 2-4	从个体因素维度出发探讨知识共享前因变量的研究汇总表	41
表 2-5	从组织文化维度出发探讨知识共享前因变量的研究汇总表	44
表 2-6	从组织管理维度出发探讨知识共享前因变量的研究汇总表	47
表 2-7	从工作特征维度出发探讨知识共享前因变量的研究汇总表	49
表 2-8	从社会关系维度出发探讨知识共享前因变量的研究汇总表	50
表 2-9	从知识特征及使用维度出发探讨知识共享前因变量的研究汇总表	52
表 2-10	从激励方式维度出发探讨知识共享前因变量的研究汇总表	54
表 3-1	两部分样本差异性检验	74
表 3-2	人力资源归因量表项目分析结果	75
表 3-3	用于探索性因子分析题项	75
表 3-4	解释的总方差	76
表 3-5	旋转成分矩阵	77

表 3-6　结构方程模型拟合优度 ………………………………… 79
表 3-7　人力资源归因量表信度分析 …………………………… 80
表 5-1　样本成员主要特征 ……………………………………… 106
表 5-2　量表的信度检验 ………………………………………… 110
表 5-3　旋转成分矩阵 …………………………………………… 111
表 5-4　样本探索性因子分析各题项载荷 ……………………… 112
表 5-5　验证性因子分析拟合优度检验结果 …………………… 114
表 5-6　测量模型的验证性因子分析结果 ……………………… 115
表 5-7　描述性统计分析与相关分析结果 ……………………… 117
表 5-8　人力资源归因对知识共享行为的检验结果 …………… 118
表 5-9　知识共享态度作为中介变量的回归分析结果 ………… 120
表 5-10　知识共享态度中介效应 Bootstrap 检验 ……………… 122
表 5-11　知识共享主观规范作为中介变量的回归分析结果 …… 123
表 5-12　知识共享主观规范中介效应 Bootstrap 检验 ………… 124
表 5-13　知识共享知觉行为控制作为中介变量的回归分析结果 … 125
表 5-14　知识共享知觉行为控制中介效应 Bootstrap 检验 …… 127
表 5-15　知识共享意愿对知识共享态度和知识共享行为中介作用的回归分析结果 …………………………………… 128
表 5-16　知识共享意愿对知识共享态度和知识共享行为中介效应 Bootstrap 检验 ……………………………………… 129
表 5-17　知识共享意愿对知识共享主观规范和知识共享行为中介作用的回归分析结果 …………………………… 130
表 5-18　知识共享意愿对知识共享主观规范和知识共享行为中介效应 Bootstrap 检验 ………………………………… 131
表 5-19　知识共享意愿对知识共享知觉行为控制和知识共享行为中介作用的回归分析结果 …………………………… 132
表 5-20　知识共享意愿对知识共享知觉行为控制和知识共享行为中介效应 Bootstrap 检验 …………………………… 133
表 5-21　知识共享意愿对知识共享行为作用的回归分析结果 …… 133

表 5-22	知识共享态度和知识共享意愿的连续中介作用的直接效应检验	134
表 5-23	知识共享态度和知识共享意愿的连续中介作用的间接效应检验	135
表 5-24	知识共享主观规范和知识共享意愿的连续中介作用的直接效应检验	136
表 5-25	知识共享主观规范和知识共享意愿的连续中介作用的间接效应检验	137
表 5-26	知识共享知觉行为控制和知识共享意愿的连续中介作用的直接效应检验	139
表 5-27	知识共享知觉行为控制和知识共享意愿的连续中介作用的间接效应检验	139
表 5-28	假设检验结果汇总表	141

第1章 绪 论

我国经济社会发展已进入新时代，努力推动由粗放的资源投入型增长向效率和创新驱动型增长的转变，实现高质量可持续发展，已成为时代的战略性选择。在构建机制完善的市场体系和现代化宏观调控体系的同时，如何塑造具有活力的微观主体，将成为时代的重大课题。创新企业人力资源管理，特别是通过知识共享实现知识集聚，进一步实现新知识、新方法的诞生，是一条推动企业创新发展的重要路径，对企业顺应时代发展要求具有重要意义。对于知识共享的产生过程，目前国内已经有大量研究，然而，从人力资源管理，特别是对人力资源管理实践目的的主观理解方面出发，探讨知识共享行为前置影响因素的研究目前还存在缺陷。本书尝试从理论层面和实证层面探讨上述问题，以期对弥补上述缺陷有所助益。

1.1 研究背景

1.1.1 现实背景

党的二十大以来，中国特色社会主义进入新时代，推动经济发展实现质量变革、效率变革、动力变革，达成全面建成小康社会的既定目标成为时代主题。在这一历史进程中，作为微观主体的企业，面临着实现技术进步和转型升级的艰巨使命，这既是严峻挑战，也是难得的机遇。为在改革浪潮中占得先机，除努力实现和保持技术优势外，如何优化企业管理（包括人力资源管理）、提高生产经营效率也是重要任务。

近年来，我国企业知识共享的自觉性越来越强，这种逐步增强的自觉性使我国企业知识共享行为呈现出多样性与广泛性。但学术界对知识共享的研究，特别是在对知识共享行为形成机理的研究方面相对滞后，这显然不利于知识共享行为在企业发展中发挥更加积极有效的作用。

在信息时代，企业竞争将更加激烈，加强企业管理、改善经营效率是企业强化市场地位的重要途径。人力资源是企业的第一资源，人力资源管理是企业管理中最关键、最重要的组成部分。因此，从我国的实际出发，在总结相关经验和理论研究成果的基础上，积极探讨企业人力资源管理的相关问题显得十分重要。而伴随着我国产业转型升级和世界范围内新产业革命的浪潮，企业内部知识的积累和传承对企业赢得竞争优势愈发重要，知识已成为企业重要的战略性资源。企业内部知识是企业的无形资产，不仅具有个性独特、难以被其他组织效仿、可重复使用、不因被使用而消耗的特点，也具备边际效益递增的特性，即个体和组织在知识使用过程中，随着经验的积累，技术或技能会更加熟练的优势（李佳宾等，2019）。而一些具备高学习能力的创新型企业能够进行更广泛的知识搜索（Luo、Lui & Kim，2017），企业内部知识的整体存量往往是助力企业良性成长，在行业内取得竞争优势的重要保证，对企业具有战略性意义（Barney，1991；Grant，1996）。知识的最终价值体现为组织对知识的拥有，而非仅存于个人（Nonaka，1994），基于此，尽管企业内不同背景的成员掌握有各式各样的知识，但是对于这些成员所具备的专业性知识予以有机结合，实现不断地迭代和创新，才是形成组织竞争优势的有效途径（Grant，1996；Spender，1996）。因此，能够合理管理知识，利用有限的知识创造最大的价值，对企业无疑具有重要的战略意义。正是基于知识对企业竞争优势的重要影响，Bain & Company 咨询公司的调查报告显示，大量公司已经在工作过程中采用知识管理系统（黄芳等，2010）。在知识管理全过程中，将知识由个人向其他员工甚至全公司传播是其中最为关键的过程（Osterloh & Frey，2000），这是因为只有将个体的知识转换为群体的、组织的知识，形成组织内知识共享后，才有利于组织对知识资源的管理，这对企业经济效益、社会效益的贡献不可估量。

然而，在知识管理过程中，改变人们的行为往往是最困难的部分（Ruggles，1998）。受制于知识共享属于员工自发的无私行为，又是企业知识管理实践中较难管理的一项活动，特别是对于关键性知识的共享，更多员工的掌握意味着知识提供者自身知识优势的削减。同时，在企业实践中，激励系统难以准确识别知识共享行为并予以激励（冯帆，杨忠，2009），而且出于知识共享多为员工主动行为，经济激励对知识共享的影响效果不强（Bock et al.，2005），因此，在企业实践中，知识共享行为四处碰壁，很难有效实施。根据Tiwana（2002）的研究，在现代企业中，意义重大的知识仅被少数员工享有，其中又有过半的知识因为缺乏有效的共享而无法发挥作用，从而失去应有的价值。由此可见，知识共享在企业内的确存在各种阻碍，而如何提升知识共享行为就成为急需解决的难题。

基于知识共享行为的重要性及受限性，学界从不同的角度探讨了知识共享的影响因素。其中，人力资源管理被证实会对员工知识共享产生影响（Searbroug，2003；顾琴轩、傅一士、贺爱民，2009），特别是战略人力资源管理，也被证实对知识共享具有积极影响（Collins & Smith，2006）。这些都是从人力资源管理视角出发对知识共享行为的探讨。近年来，学者们基于归因理论，结合人力资源管理实践提出的人力资源归因概念受到广泛关注，并且有部分学者通过实证研究验证了人力资源归因对员工离职意愿、组织公民行为、情感承诺等方面的影响（Han，2016；Nishii et al.，2008），但是将人力资源归因与知识共享相结合，探讨二者间关系的研究目前还有所欠缺。以往大多数有关战略人力资源的文献均聚焦于雇主视角，而 Nishii 等（2008）则侧重于员工个体对人力资源管理目的主观感知的归因视角，他们指出，任意一项人力资源实践对于不同的员工均可能会产生不同的感知，一些员工把人力资源实践看作基于质量提升的战略，还有一些员工将人力资源实践看作基于降低成本的战略，并从已有战略人力资源管理文献的承诺和控制两个维度的区别出发，结合管理哲学，基于员工视角，将人力资源归因主要分为承诺型人力资源归因和控制型人力资源归因。知识共享作为员工主动性行为，其受到共享意愿的直接影响（郭永辉，2008），而人力资源归因正是员工对于组织人力资源管理政策的主观感知，根据感知的不同，如员工感知到组织实施人力资源管理是基于提升服务质量和员工幸福感，还是以压缩成本、利用压榨员工为目的（Nishii et al.，2008），势必会对其组织贡献行为产生影响，从而影响其知识共享意愿，并最终使得影响知识共享行为的发生成为可能。本研究正是在此背景下，试图以人力资源管理归因为出发点，从员工主观视角出发，探讨其对知识共享行为的影响及其作用机制。

1.1.2 理论背景

1.1.2.1 知识共享现有研究成果及其不足

当今社会，知识被广泛认为是关键战略资源，为公司赢得竞争优势发挥了重要作用，知识共享对于组织具有重要的战略意义，受到不少学者的关注。

首先，从组织层面看，这一系列研究主要聚焦于组织结构、组织文化、员工参与程度、管理压力等方面。如 Tsai（2002）的研究表明，集权能够对子公司间的知识共享产生负面影。Taylor 和 Wright（2004）认为，创新型企业往往在知识共享方面有更加优秀的表现。Danvanport 和 Prusak（2008）也在其研究中指出组织文化对知识的转移和分享起决定性作用。Jones（2002）在其研究中发现员工参与决策程度对知识共享起到关键作用。袁勇志、何会涛和彭纪生（2010）从创造员工高投入的工作氛围来增加组织有效性的角度出发，提出并验证了承诺型人力资源实践与知识共享显著正相关，且组织内社会资本在两者间具有调节作用。赵书松（2013）以知识共享动机为出发点，提出个人兴趣、集体情感与责任能够直接影响知识共享，规则服从、成就感之、关系构建能够间接诱发知识共享行为。李锐等（2014）提出自我牺牲型领导可通过领导信任的中介作用，对知识共享产生正向影响。金辉等（2011）则提出组织激励、组织文化都会对个体共享意愿产生正向影响。

其次，从知识结构层面看，相关研究多从知识自身的客观特征等因素入手进行研究。从嵌入深度的角度看，知识的嵌入性体现得越强时，知识越不容易在个体间传递（Cummings & Teng，2003）。而知识的特征会对知识聚焦和保持的程度，以及知识保持的载体和知识扩散难易程度造成影响（Argote et. al.，2003）。Polanyi（1966）将知识分为显性知识和隐性知识。显性知识多以专利、科学发明、特殊技术的方式呈现，其使用和分享受严格且明晰的规则保护，因此，只要满足相应条件，就可以实现显性知识共享行为。而隐性知识受制于其特殊的存在形式，很难被描述出来并建立保护规则，所以在共享行为上存在一定阻碍。基于此，Lin（2006）的研究指出，分配公平、程序公平会直接影响隐性知识共享行为。Suppiah 和 Sandhu（2011）在一项研究中发现，组织文化对隐性知识共享有直接影响，其中，家族组织文化对隐性知识共享有正向作用，而市场型文化和等级型文化对隐性知识共享有负向影响作用。

最后，从激励层面看，又可以分为外生激励和内生激励。外生激励源自个体外部环境，强调个体行为受外界控制。学界针对外生激励对知识共享行为的影响存在两种截然不同的态度，其中一派对外生激励的作用持肯定态度，如 King 和 Marks（2008）认为，组织奖赏是促进知识共享的有利因素之一；Gagné（2009）也提出物质奖励和精神奖励均能促进员工的知识共享行为。而另一派则对外生激励对知识共享的作用持否定态度，如 Bock 等（2005）提出外生激励（金钱激励）与知识共享态度显著负相关；Osterloh 和 Frey（2000）也提出不恰当的外生激励会降低员工的内生激励意愿；柯江林和石金涛（2006）在其研究中证实，组织对员工知识共享行为进行直接的显性激励会产生激励扭曲问题。内生激励强调个体内心的愉悦感和满足感，在研究中被证实对知识共享行为有正向影响作用，如 Hooff 和 Rider（2004）在其研究中发现，感情承诺与员工知识风险意愿和知识获取相关。

综合上述文献可以看出，基于知识共享的重要性，以往文献对知识共享的影响因素从多个视角和层次进行了分析，主观、客观角度，组织、个人角度等都有涉及。

近年来，学者们将研究视角聚焦在人力资源管理实践领域，特别是其对知识共享的影响，愈发受到学界的关注，如 Fong、Nguyen 和 Xu（2013）在针对马来西亚部分制造服务业公司的研究中发现，雇佣和甄选、团队合作、培训、绩效评定对知识共享均有正向影响；McDermott 和 O'Dell（2001）也提出合理的绩效评估过程会促进员工的知识共享行为；Cabrera 和 Cabrera（2005）在其研究中发现了影响知识共享的关键中间变量，并提出知识共享动力模型，认为人力资源管理实践通过知识共享环境、积极态度和可见标准，对知识共享行为发生作用；Foss、Minbaeva、Pedersen 和 Reinholt（2009）则证实工作特征对知识共享能够形成不同方面的激励，从而提出工作设计对知识共享具有影响作用。国内外学者就人力资源管理与知识共享的关系也进行了大量研究。朱春玲和陈晓龙（2013）在其研究中证实，知识共享能够中介高绩效工作系统对员工创造力的正向影响；Munoz、Galende 和 Curado（2019）通过对内、外部人力资源管理进行探讨，研究其对知识共享的影响，结果表明，当企业人力资源管理更倾向于合作导向时，员工能够做出更多的知识共享行为；Kim 和 Lee（2006）的一份研究发现，组织强调绩效工资能够对知识共享发生作用，而小时计薪系统在诸如律师、咨询等工作情境下对知识共享会起到遏制作用（Weiss，1999）；KanKanhalli、Tan 和 Wei（2005）的研究也证实，职位晋升、福利和加薪等人力资源管理措施能够对知识管理系统中的知识贡献频率产生正向影响；何会涛和彭继生（2008）提出人力资源管理实践通过组织支持感正向影响知识共享行为；汪晓媛和宋典（2010）提出战略人力资源管理可以通过员工培训、团队构建、信息共享、消除层级差异、雇佣保证等策略提升雇员共享知识的能力，同时还可以在企业内创造良好的知识整合氛围；赵书松和廖建桥（2013）的研究还表明，关系绩效考核能够正向预测知识共享行为。

可以看出，以往有关知识共享影响因素的研究多是从组织氛围、外部激励、社会压力、知识结构等方面开展的研究，而从人力资源管理角度进行的有关研究也多是以各项人力资源管理实践活动，如绩效管理、工作设计、招聘和培训等方面探讨对知识共享的作用，其中的影响发生机理目前尚存缺陷，而且这些研究更多的是研究个体外部因素如何促使个体发生共享行为，探讨其对知识共享的关系。Bock 等（2005）的研究指出，互惠关系是影响知识共享的核心因素，知识共享行为带有更多合作、自愿的色彩。安世虎、周宏和赵全红（2004）在中国情境下探讨了企业内部员工知识共享动机的影响因素，结果表明，中国文化情境下的员工相较于西方情境下的员工，其知识共享行为的发生更依赖于情感动机和关系动机，而这两个因素与个人的感知又有着紧密联系。由此可见，从个体自发感知角度出发，探讨知识共享的影响因素很有意义。先前已有研究从人力资源管理入手展开相关研究，可以看出人力资源管理在很多方面对知识共享都存在显著影响效应，在此基础上引入人力资源归因，将人力资源管理和个体感知相结合，形成个体对公司人力资源管理政策的理解，探讨其对知识共享的影响作用很有必要，也完全符合我国情境下的要求。

1.1.2.2 人力资源归因视角的引入

有关人力资源管理实践的研究一直被学界所关注，在过去的十几年间，部分研究聚焦在对人力资源管理实践进行归因，并以此为视角探讨其对员工绩效的影响（Sanders、Yang & Kim，2012；张倩和缪毅，2014）。然而，部分基于过程方法的支持者提出员工可能不会直接或被动地对人力资源实践做出反应，与此相反，他们在采取行动前会在内心就人力资源实践进行积极的感知、认识、构想、判断和推理（Wilkinson et al.，2009）。与此相呼应的是，同样是基于过程方法，Nishii 等（2008）提出人力资源归因这一概念，试图研究员工对于公司人力资源管理政策的主观感知对员工的影响。而这种从员工主动性感知出发的视角，正与知识共享这种员工主动性较大的行为相吻合。在此基础上，本书拟引入人力资源管理归因这一概念，试图通过个体对组织人力资源管理政策的理解和解释这一主观行为，探讨其对知识共享行为的作用。已有研究还发现，高绩效工作系统对于人力资源归因和知识共享行为均具有预测作用，在某种程度上暗示人力资源归因对知识共享行为可能存在某些联系，这为后续研究提供了可能性（Voorde & Beijer，2015；田立法，2015）。

人力资源归因的研究尚处于起步阶段，有关研究相对较少。Nishii 等（2008）对不同类型的人力资源归因与员工态度的关系进行研究，发现承诺型人力资源归因与员工态度、工作满意度和情感承诺呈正相关关系，控制型人力资源归因对工作态度、工作满意度和情感承诺呈负相关关系；Chen 和 Wang（2014）的研究则表明，承诺型人力资源归因与组织支持感有显著的正向关系，控制型人力资源归因与组织支持感有显著的负向关系；Voorde 和 Beijer（2015）对两种归因与承诺和工作压力之间的关系进行了探讨；Shantz、Arevshatian、Alfes 和 Bailey（2016）则在研究中检验了人力资源归因与工作卷入、情绪衰竭之间的关系。可以看出，尽管基于人力资源归因视角的研究在近些年有所增加，但其对人力资源管理实践的指导作用还未充分体现出来。基于过程视角的人力资源归因对人力资源实践具有重要的影响和预测作用（林新奇、郑海涛，2018），并有可能对员工其他主动性行为产生影响。

1.1.2.3 计划行为理论的引入

人力资源归因理论认为个体在对组织人力资源管理政策形成不同的归因后，会根据归因类型影响其态度和行为（Nishii et al.，2008），而计划行为理论（theory of planed behavior）认为，个体的行为是经过深思熟虑的计划后发生的结果，两者不谋而合。从现有的文献来看，计划行为理论因其对行为的预测能力，在管理学、营销学和传播学等方面都得到广泛应用，其大部分观点均得到大量实证研究的证实，但是有关个体所拥有的信念是否能够影响行为态度、主观规范和知觉行为控制，进而影响行为意向，最后导致行为的发生，值得进一步验证。人力资源归因作为员工对人力资源管理政策的目的是控制型还是承诺型的感知，很有可能成为员工形成知识共享态度、知识共享主观规范以及知识共享知觉行为控制的重要影响因素。通过实证研究方法探讨人力资源归因是否可作为影响员工知识共享的共同信念基础，不仅有助于丰富计划行为理论的内涵，拓展计划行为理论的适用范围，而且为理解人力资源归因与知识共享行为之间的关系提供了新的理论视角，进而有助于打开两者之间关系的"黑箱"。

综上所述，在中国，借助计划行为理论的构建框架探讨人力资源归因对知识共享行为的影响及其内在机制十分必要。

1.2 研究目的

本书的研究目的主要有以下几点：

首先，确定从人力资源归因出发的知识共享路径。结合有关理论和前人已有研究，提出从人力资源归因出发对各知识共享变量产生影响的研究假设，通过实证研究验证该假设，确定人力资源归因对知识共享行为的影响路径。

其次，通过对人力资源归因类量表进行修订，增强其在中国企业管理环境下的适用性。主要是确定人力资源归因量表的组成元素与组成结构，通过探索性因素分析、验证性因素分析、信度分析、效度分析等，确定人力资源归因量表的有效性、可信性和可用性，由此为本次研究提供实证分析基础，并为后期其他与之相关的研究提供参考，进而解决国外已有量表在中国效度及信度较低的问题。

最后，对计划行为理论在中国情境下的适用情况予以进一步验证。本书在对计划行为理论整体框架进行验证之前，还将对该框架进行拆分，并分别予以验证，以进一步确保该理论框架在国内使用时的稳定性和有效性。

1.3 研究内容

本书的研究内容主要为以下三类：

第一类，假设模型推导。通过总结、归纳已有研究的成果和不足，结合本书的研究主题进行假设推导，并构建整个研究的核心模型。

第二类，人力资源归因量表的修订。结合中国国情，对人力资源归因量表进行修订，增强其在中国的适用性，实现量表的本土化。这一部分内容主要包括访谈有关专家、学者、企业管理人员、一线员工等，对量表进行筛选和补充，然后通过问卷调查，对量表进行信度和效度检验。

第三类，基于假设推导模型的实证研究，使用问卷调查的方式收集数据，检查数据质量，并使用相关数据统计分析软件对数据进行分析，以验证各项研究假设是否成立。

1.4 研究意义

1.4.1 理论意义

由于知识共享具有的重要战略意义，长久以来一直是学界关注的焦点。以往关于企业内部知识共享的研究多为理论性研究，近年来，相关实证研究逐渐增多。这些研究多聚焦于从员工内在性格、兴趣、动机及外部环境等方面探讨知识共享的影响因素，在整个知识共享行为激励过程中，企业的人力资源管理实践无疑发挥着重要的指引作用。也有部分学者从人力资源管理实践出发，探讨其对知识共享行为的影响。然而，知识共享作为个体主动实施的一项行为，其本身就受到个体性格、能力，以及组织氛围、领导风格等多方面、多层次的影响，现有研究仍无法完全预测和解释知识共享行为，对于知识共享的研究仍有待进一步拓展与完善。本书正是在此基础上进行，主要具有以下几方面理论意义：

第一，人力资源归因理论在国外正处于起步阶段，国内外的相关研究很少。虽然 Nishii 等（2008）提出的人力资源归因概念的研究被学界大量引用，但是涉及这一概念的实证研究却比较少。本研究引入人力资源归因,并将其作为自变量进行实证研究,拓展了该概念的理论内涵,对概念的验证具有一定意义;同时也可以丰富人力资源归因在国内的适用情况,为后续国内其他理论和实证研究起到引导作用。

第二,本研究对人力资源归因量表在中国的适用情况进行验证,拟对量表进行修订,以获得适合中国国情的人力资源归因类量表。国外虽然有此类量表,但仍存在一定缺陷,主要表现如下:首先,题目数量冗余。Nishii 等开发的原始人力资源归因量表拥有 25 个题项,数量较多,后续部分研究对题项数量进行了缩减(Chen & Wang, 2014;Shantz et al., 2016;Voorde & Beijer, 2015)。其次,量表内容不够稳定。已有部分研究在原始量表基础上对题目内容同样做了修正,以符合研究需要(Shantz et al., 2016)。最后,量表开发依托的国情文化存在差异。已有人力资源归因量表均是在国外情境下开发、修正而来的,此类量表在国内实际应用中信度、效度不可避免会受到影响。基于此,本研究的观点是该量表题项仍有进一步精简的可能与必要,同时内容也可根据国内实情做适当修正,从而符合在国内开展对应实证分析的需要。需要强调的是,对应量表的确定不仅要与理论研究一致,而且应与实际情况一致。

第三,以往研究多从个体性格、激励、组织管理、组织文化等角度探讨知识共享的影响因素。而知识共享作为个体主动发出的行为,以个体主观感知作为研究的出发点十分必要。本研究正是在此基础上,结合组织人力资源管理实践,首次引入员工主观意识下的人力资源归因因素,分析其对企业员工共享行为的影响,从全新的视角寻找知识共享行为的前因变量,丰富知识共享行为理论体系方面的研究。

第四,对计划行为理论在知识共享方面的应用做进一步论证。虽然国内外已有部分研究通过计划行为理论,从个体经过深思熟虑后采取行动的角度尝试揭示知识共享行为的发生机制,但纵观这些研究,对于计划行为理论的验证仍存在需要完善之处。主要表现为以下两个方面：一是对理论框架的使用欠完整；二是框架内各因素结构稳定性不足。根据计划行为理论，态度、主观规范和知觉行为控制三者可通过意愿的作用影响行为，有时三者一起发生作用，有时仅其中部分因素发生作用（Ajzen，1991）。在一些研究中，研究人员从整个框架中抽取部分因素（Lin，2007）开展研究，缺少对该理论的整体性验证；此外，部分研究显示计划行为理论的个别因素结构稳定性欠佳，如态度与意愿之间的关系较弱（Fullwood & Rowley，2017），而这一点可能跟当地文化有着直接的关系。因此，本研究结合中国的国情，以完整计划理论为研究框架，对于验证该理论在我国特别是在知识共享行为研究中的适用性，具有一定的检验和发展意义。

1.4.2 实践意义

21世纪是知识经济蓬勃发展的时期，对于知识的探索已经成为寻求组织创新的重要方式（Luo et al.，2018）。特别是在中国，随着经济社会的发展，产业结构转型已悄然发生，知识作为大部分企业最宝贵的资本，其重要性已经超过了以往的物质资本。在此背景下，知识管理对于企业具有战略意义。合理有效的知识管理有助于企业从有限的现有知识中发挥最大的价值效能。在知识管理过程中，由于知识具有独特的可复制性，以及边际效益递增优势，知识共享成为企业快速有效提升组织知识水平的有力武器。然而受制于人类自私的本性，知识共享出去后很可能会稀释知识的个体价值，加快知识的淘汰速率，知识共享在实践中往往容易受阻，严重制约企业的发展。鉴于此，本研究拟从组织制定和实施人力资源管理的层面出发，通过围绕员工群体，制定规范的、内部一致的人力资源管理政策并严格执行，向员工清晰、明确地传递组织员工导向的管理理念，增强员工的责任感和主人翁精神，激励员工的知识共享行为。通过员工做出更多的知识共享行为，提升员工群体的工作绩效,进而提升组织绩效,对于企业在未来面临的同行业竞争,特别是与国外企业的博弈中取得竞争优势、占据有利战略位置具有重要的实践意义。

1.5 研究方法

本研究采用的研究方法主要包括:文献研究法、问卷调查法、数据统计和分析法等。

1.5.1 文献研究法

文献研究法主要通过对已有的、与研究课题相关的文献进行收集、阅读、整理和评述,总结其中已取得的成果,发现存在的问题,并在前人研究的基础上提出本研究的发展和创新之处。本书主要通过 EBSCO 数据库、Emeral 数据库、Jstor 期刊数据库、PsycARTICLES 电子期刊数据库、Sage 电子期刊数据库、Wiley–Blackwell 电子期刊数据库、ProQuest 博硕士论文全文数据库、Google Scholar 数据库、中国知网和万方数据库等搜集以人力资源归因、知识共享、计划行为理论等为主题的核心期刊中的文献,通过对文献的研读、梳理和分析,借鉴其研究思路和方法,分析现有文献研究的局限性,提出若干理论假设。

1.5.2 问卷调查法

首先,本书拟根据中国情景对人力资源归因量表中的部分条目进行删选和补充,通过试调查检验后完成量表修订;其次,根据研究推导获得的理论假设,使用修正后的人力资源归因量表,并为其他变量选择已有测量量表,制作成调查问卷,分三阶段发放和回收问卷,对问卷数据进行匹配处理。

1.5.3 数据统计和分析法

本书采用的数据统计和分析方法有描述性统计分析、相关性分析、探索性因子分析、验证性因子分析、独立样本检验、多层线性回归分析、多重中介模型检验、bootstrap 分析等。

1.6 结构安排与研究技术路线

1.6.1 结构安排

本书共分为六个章节：

第一章为研究的绪论部分，主要是明确研究背景与研究意义，并对文章内容安排与结构安排给予充分的说明。

第二章为文献研究部分，通过文献述评，对已有文献进行梳理，对所涉及研究形成系统性认知，明确研究课题在已有研究中尚未完全解决，同时说明相关研究进展与存在的主要问题，由此进一步说明此次研究的必要性。

第三章为人力资源归因量表修订研究部分，主要是在原始量表的基础上，通过理论分析找到该量表存在的缺陷，提出修订正方案。在方案实施过程中，依据原始量表开发的步骤，结合国内学者在量表开发方面的经验，对量表进行修订，该过程包括英文量表的翻译和回译对比调整，前期的量表题目池补充，以及对研究样本进行两次预试，确保修正后的量表具有较好的信度和效度。

第四章为理论基础与假设研究部分，主要是以人力资源归因为前因变量，以知识共享行为为结果变量，在计划行为理论框架基础下进行假设推导，形成主要研究模型。

第五章为实证研究部分，主要是利用问卷调查结果，通过统计分析方面的方法，验证假设命题是否成立，确定从人力资源归因出发的知识共享路径。

第六章为研究的主要结论、创新点及启示等部分，主要总结研究结论并进行适当解释，对研究的创新点、在管理中的启示、研究的局限性以及未来的研究展望做出说明。

1.6.2 研究技术路线

本研究采用的技术路线见图 1-1。

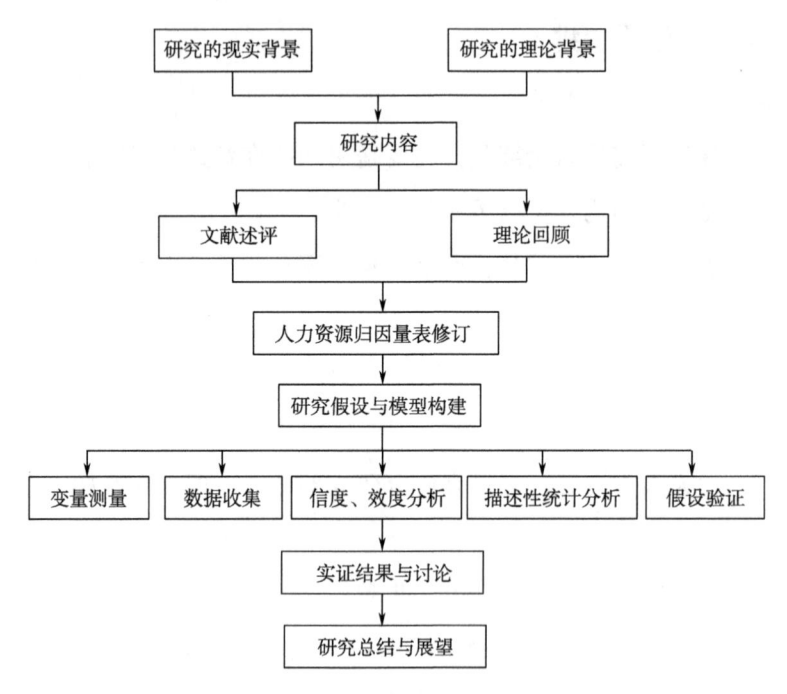

图 1-1 研究技术路线

第 2 章 文献述评

2.1 人力资源归因

2.1.1 归因理论的形成

归因理论最早由 Fritz Herider（1958）提出，其核心思想是人们针对所遭遇事件不断追求解释的意图。作为众多激励理论中的一种，该理论被广泛应用于社会心理学，并取得显著发展，比较有代表性的有 Harold Kelley（1967，1973）和 Bernard Weiner（1979），两位学者对该理论的拓展，通过相互之间的补充，进一步完善了归因理论体系（Fiske & Taylor，1991）。虽然三位学者的理论构建存在一定差异，但他们都试图解释人们是如何做出因果推理，做了哪些推理，以及这些推理产生的行为和态度后果（Hewett et al.，2018）。

2.1.1.1 Heider 的归因理论

Heider（1958）在其研究中提出个体会编造世界内常识性解释，以合理化、预测和控制事件，其最重要的论点为个体对因果关系的感知能够影响个体的反应和行动。

Heider 的归因理论第一个主要命题是区分个体原因行为（internal）和环境原因（external）行为，即人们做出的归因根据的行为或事件的因果控制源为个体内部还是外部环境，或是这两者的结合，其中动机和能力两个方面为内部控制源的主要构成。Heider 指出，个体做出某种行为的原因是由个体动机、个体能力以及外部环境中的全部或部分因素所致。

第二个主要命题是人们如何在因果推理中识别某些归因误差（errors of attribution），包括根本性归因误差、观察者效应与自我服务偏差。根本性归因误差（fundamental attribution error）是指当个体对行为进行解释时，仅聚焦于个体内部，而非外部因素时造成的误差（Ross，1977），主要是强调外部归因在某些条件下的作用。观察者效应（actor-observer effect）是指个体倾向于将自己的行为归因于外部原因，如"我在绩效评估中获得成绩较差，是因为我的领导不公平"，而外部观察者则会将同一行为归因为内部因素，如"他在绩效评估中获得成绩较差，是因为他的绩效表现比较差"（Jones & Nisbett，1972）。自我服务偏差（self-serving bias）则表示当个体对自身经历进行归因时，更倾向于将其中的成功部分归因于自身的性格和其他内部原因，而将其中的失败部分归因于不可控的外部因素（Miller & Ross，1975），如员工会将自己的职位晋升归因为自身的才能，但如果升职失败，则会将失败归因于公司管理的不公平（Hewett et al.，2018）。

2.1.1.2　Kelley 的归因理论

Kelley（1967，1973）对 Heider 的归因理论做了拓展，其研究主要集中在个体如何推理行为或某事件的发生原因。当个体面对同一行为或条件时，Kelley（1967）建议采用协变量原理（covariation principle）来做因果关系推理，并提出了三种类型的协变量信息，这些协变量信息能够影响观测者对他人行为归因为内因还是外因。

第一种协变量是独特性（distinctiveness），它是指个体在类似条件下能够表现出相同行为的程度。例如，管理者不论在家里还是公司都表现得很烦躁，这就是低独特性的体现，观测者就会对管理者的烦躁情绪做出内部归因，例如，"管理者本身就拥有一个易烦躁的性格。"而如果管理者只是在公司表现得烦躁，在家中表现平和，观测者会对管理者的烦躁情绪做出外部归因，例如，"管理者是受公司外部环境影响而表现烦躁。"

第二种协变量是共识性（consensus），来自不同个体的观察所形成的判断，如果同事们也同意管理者很烦躁，即体现了高共识，那么将会对管理者的烦躁情绪做出内部归因。

第三种协变量是一致性（consistency），主要变现为个体在长时间观测下所表现出来的行为一致性。如果管理者在过去经常表现出烦躁情绪，观测者会做出内部归因，这是因为无论周边环境如何，管理者都会经常表现出烦躁（Hewett et al., 2018）。

2.1.1.3 Weiner 的归因理论

Weiner 在一些特定领域探索了归因，形成了一套归因理论（Fiske & Taylor, 1991）。与 Heider（1958）和 Kelley（1967, 1973）提出的静态归因模型不同，Weiner 解释了因果归因如何影响未来的期望、情感和绩效。在应用于成就时，Weiner 坚持认为当事件发生后引发个体某种行为时，人们会对这一行为进行归因，并对事件中的成功或失败做出情感上积极或者消极的响应（Weiner, 2008）。因此，Weiner 通过提出时间顺序归因，实现对 Heider 和 Kelley 研究的拓展，即人们会在事件后考虑行为或者行动发生的原因，由于这些归因会随着时间的流逝依据当时的条件发生变化，Weiner 的研究将动态引入归因理论。

根据 Weiner 等人的研究，对于任何任务的成功或者失败，都会在三个维度上去寻求原因，即因果关系源、稳定性和可控性（Weiner, 1979；Weiner、Heckhausen & Meyer, 1972）。其中因果关系源与 Heider 的研究一致，而稳定性与 Kelley 的研究成果相呼应，Weiner 更加清晰地解释了当确定稳定原因时，因果分析如何提供最有益的信息。此外，可控性也同样重要，因为人们在做出因果归因时，不仅是为了了解某事为何发生，更要对未来类似事件实现控制。

正是 Heider、Kelley 和 Weiner 三者的研究，为归因理论提供了理论基础，也为后续归因理论在其他领域的应用提供了可能。

2.1.2 归因理论相关研究

归因理论重点解释人的行为发生的原因。根据 Heider 的研究结果，归因大致可以分为内部归因和外部归因两个类别。其中，如态度、兴趣、情绪等有关个体（行为人）自身的原因，构成了内部归因的核心。外部归因的核心则是个体所处环境，包括薪酬、天气、工作环境等。在分析个体行为时，从内部归因和外部归因两方面进行考量可获得合理解释。Jones 和 Davis（1965）的发现对 Heider 的研究实现了拓展，其尝试建立一套系统性用于解释个体行为的推理产生过程与解释方案。Kelley（1973）通过加入立体分析模型与协变原理，将归因过程的内生过程阐释清楚。Weiner（1979，1985，2008）在此基础上，通过多年研究确定归因的核心应为寻求理解，也就是说，理解是行为的原因，会具体影响个体的行为，由此打开了归因理论与动机理论相互融合的全新局面。

国内学者对归因理论的研究虽然相对滞后，但是经过不断的努力，截至目前已经取得一些突破性成果。王纯和张宁（2004）依托归因研究，不仅确定抑郁症形成的原因，而且就如何抑制抑郁给出了总体解决方案。而归因理论对于消费者的消费行为也有很好的阐释力，网络口碑可以作为消费行为归因的源头，其口碑发布与口碑性质作为归因的主要因素，对消费行为产生了实质性影响（李巍、王志章，2011）。此外，归因理论在公共危机事件的分析中也能够发挥重要作用，即将公共危机事件归因分为内部归因和外部归因时，内部归因能够负向预测政府信任，而外部归因能够正向预测政府信任（徐彪，2014）。可以看出，我国学者近年来侧重在归因理论应用方面进行了部分研究。

从这些研究成果来看,归因理论在众多领域都得到了验证和发展。Kelley(1967)在研究中提出,当独特性、共识性与一致性都很高时,观测者会将事件或者行为归因于某种刺激源或者某一实体,例如人力资源管理实践。这对后续归因理论研究具有重要的指导意义,也为归因理论纳入人力资源管理实践做进一步分析和探讨提供了指导性建议。

2.1.3 人力资源管理相关研究

人力资源管理(human resource management)这一概念最早由 Peter F. Drucker 于 1954 年提出,他指出人力资源管理区别于其他所有资源管理的唯一关键点是其管理对象是自然人。他提出协调能力、融合能力、判断力和想象力这四个方面构成了人力资源的独特素质。Bakke(1958)首次提出人力资源功能,认为人力资源功能与其他管理职能一样直观和重要,这些管理职能包括会计职能、营销职能等。Beer、Spector、Lawrence 和 Mills(1985)将人力资源管理提升到战略管理的高度,其中最具代表性的为三支柱思想。自此,人力资源管理开始由传统管理向战略管理转型,也得到学界更为广泛的关注。

通过人力资源实践提升绩效一直是学界在人力资源管理领域的关注重点。从现有研究来看,在各项针对人力资源管理实践和绩效间关系的研究中,内容视角和过程视角一直是其中两个主要的研究角度。在从内容视角出发的研究中,部分研究证实个体的离职意愿、员工健康和幸福感以及组织绩效等均受到来自个体对人力资源实践感知的影响。也有研究显示,人力资源管理实践在实际工作中会产生负面效应,例如,个体压力和情绪倦怠两方面会伴随人力资源管理实践的进行而增强(Jensen、Patel & Messersmith,2013)。对于人力资源实践定义的区别,测量方式的不同、理论视角的差异造成了这类研究在分析人力资源实践对其他变量影响作用时结果存在不一致性。此外,也有研究从人力资源管理强度出发,试图解答上述问题,并指出人力资源管理强度被认为能够影响人力资源实践发生的作用呈现出的是积极的抑或消极的一面（Bowen & Ostroff，2004）。人力资源管理强度（human resource system strength）这一概念最早由 Bowen 和 Ostroff（2004）在其研究中提出，他们认为，从战略人力资源管理视角来看，组织绩效的提升依赖于人力资源管理过程和人力资源管理内容的合理匹配，并在此基础上指出人力资源实践的实施效果受到人力资源管理过程的显著影响。人力资源管理强度基于归因理论，强调三项关键指标，即个体对于公司内人力资源实践的独特性、一致性和共识性的感知，这三项指标能够正向影响个体对人力资源实践的理解、赞同和支持，进而促进个体产生更为积极的态度以及做出更加积极的行为，最终通过个人绩效的达成实现组织绩效的提升。

此外，国内学者谢晋宇（2001）提出，人力资源管理新型模式不适用于中国传统企业，对中国新型企业则是较为适用的。苏中兴（2010）提出，承诺型人力资源和控制型人力资源都具有重要作用，在中国，该作用更为明显。赵曙明、高素英和耿春杰（2011）以100家企业为样本，采用 SHRM 框架，通过层次回归分析，确定了人力资源管理水平与企业绩效之间的关系。具体关系体现为：企业人力资源整合度越高，企业绩效越良好；反之，则越差。高绩效工作系统也受到关注，并证实高绩效工作系统能够在员工工作投入的中介作用下对组织绩效实现正向预测作用（苏中兴、杨姣，2016）。

从上述研究成果来看，人力资源管理的有关研究都证实其对组织绩效和企业绩效具有显著的影响，例如，战略人力资源管理、高绩效人力资源管理系统、人力资源管理强度等都发挥了重要作用。因此，以人力资源管理为出发点，从中拓展新的研究视角，引入人力资源归因概念并做进一步探讨显然很有意义。

2.1.4 人力资源归因的概念和起源

根据社会认知理论（social cognitive theory）（Bandura，1986），员工个体的行为和信念的产生和变化往往受到企业环境的影响，而员工个体根据其理解和思维的不同，对组织人力资源管理实践的理解是有差异的（Guzzo & Noonan，1994），由此可见，即便在同一家公司，面对同一套人力资源管理政策，不同员工受不同性格、观念、习惯等的影响，往往会产生不同的反应。Nishii 等在结合归因理论与人力资源管理理论的基础上，提出人力资源归因理论（human resource attribution）。虽然从心理过程方面解释人力资源管理与绩效关系的重要性日渐被认可，但这更多的是聚焦于实现组织的目标，员工权益往往被忽略（Van Buren Ⅲ，2011）。人力资源归因与此不同，它强调的是以员工为焦点，以员工的主观感知为研究对象。

最早将人力资源管理实践目的感知引入人们视野的研究来自 Koys（1991，1998），他将人力资源活动感知分为内部意图（如吸引和保留员工）和外部意图（如符合法律规范）。Nishii 等（2008）在此基础上对这种行为做了进一步研究，在 Weiner 归因理论的指导下提出个体对公司人力资源实践产生感知之后，其在工作情境中所表现出的态度和行为会随之产生改变，表明企业所实施的人力资源实践自身产生的效果可能会与预期发生偏离（Katou、Budhwar & Patel，2014）。尽管人力资源领域的学者逐渐接受过程视角在研究中发挥的重要作用，对个体关于人力资源实践的感知也愈加关注，但是对员工赋予的人力资源实践管理意义的研究却较为少见（Katou et al.，2014），因此，Nishii 等（2008）从人力资源实践的心理过程视角提出了人力资源归因，并试图通过对这一概念的发展进一步拓展人力资源实践理论研究。

以往有关人力资源战略的研究大多以雇主视角为出发点，而人力资源归因的研究主要从员工视角出发。Nishii 等（2008）认为，即便在同一家公司，不同的员工针对同一套人力资源管理政策可能会有不同的理解：一是认为所实施人力资源管理政策是基于提升员工幸福感，提高服务质量的战略；二是认为所实施的人力资源管理政策是从低成本角度出发，基于尽可能利用员工的目的。针对这两种截然不同的理解，根据战略人力资源文献中对于承诺型和控制型的定义，他们将人力资源归因划分为承诺型人力资源归因（commitment-HRA）和控制型人力资源归因（control-HRA）。

2.1.5 人力资源归因的内涵

个体对组织内人力资源实践实施动机的因果关系解释，即构成人力资源归因，其核心思想是员工会根据他们对管理层在实施人力资源实践中的目的进行归因，并根据归因的结果在态度上和行为上对人力资源管理实践做出回应（Nishii et al., 2008）。归因理论认为，人们对某一事物的归因根据因果关系源的不同可分为外部归因和内部归因，其中内部归因由于更多的是对个体内部进行的因果关系归因，对个体的态度和行为也具有更为显著的影响（Nishii et al., 2008）。Koys（1991）在研究中提出，外部归因是以个体和组织绩效提升为目的的人力资源实践，而内部归因是以员工的获取和留用为目的的人力资源实践。虽然无法解释 Koys 对于内部归因和外部归因的划分依据，但该研究表明，承诺与内部归因具有紧密的联系，而与外部归因呈现的联系并不显著。

在此基础上，Nishii 等（2008）提出个体对组织内管理人员可以控制的因素形成的感知构成了内部归因，并且这种感知由多维度组成。他们通过进一步研究，分别从员工导向的管理哲学角度和战略人力资源管理角度将内部归因划分为两个层次，这与 Koys（1991）的研究结论有相同之处。第一个层次以员工导向的管理哲学为出发点，重在强调组织实施人力资源管理政策的初衷是对员工幸福感的追求，还是最大限度利用、剥削员工；第二个层次以企业实施人力资源实践所需达成的商业或战略目标为出发点，主要涉及组织实施人力资源管理政策的初衷是要提升服务质量，还是尽可能地压缩成本。基于此，Nishii 等（2008）将人力资源归因划分为承诺型人力资源归因和控制型人力资源归因两个全新的维度。承诺型人力资源归因对组织人力资源实践管理动机的感知包含员工导向管理哲学视角中的幸福感提升和人力资源管理战略中的服务质量提升，而控制型人力资源归因对组织人力资源实践管理动机的感知包括：员工导向管理哲学视角中的最大限度利用、剥削员工和尽可能的压缩成本。同时，Nishii 等还对人力资源归因中的外部归因做了界定。他们认为外部归因体现的是组织对于外部环境、压力等因素并无其他选择，只能被动接受，在这种情境下实施的人力资源实践是一种被动的、并且不得不做出的行为，并不能反映管理者的主观意愿。这部分外部归因主要来自工会和法规等方面的强制性要求（林新奇、郑海涛，2018）。

由此可见，Nishii 等提出的模型主要分为三个维度（见表 2-1）。第一个维度，结合 Heider 的归因理论，将人力资源归因分为内部归因和外部归因两个方面。其中，内部归因是存在于组织内部可控范围的因素，如提升员工幸福感和服务质量的承诺型归因，与降低成本和利用员工最大价值的控制型归因；外部归因则是指在组织可控范围外的因素，如来自工会和法律的要求和规定。第二个维度，涉及员工个体就人力资源实践的理解对员工所带来的预期影响是积极的（如提升幸福感或绩效）还是消极的（如剥削员工或者控制成本）。第三个维度，涉及人力资源管理实践聚焦层面的确认，其中，个人幸福感和剥削员工聚焦于个体层面，提升绩效和节约成本聚焦于组织层面。需要注意的是，由于员工往往认为外部归因是在可控范围外的因素，因此其在后两个维度中并未体现（Hewett et al., 2018）。

表 2-1　人力资源归因的分类

	内部归因		外部归因
	组织层面	个体层面	
承诺型	服务质量	员工幸福感	工会或法律要求
控制型	降低成本	剥削员工	

资料来源：Nishi 等（2018）。

综上，本书以 Nishii 等对人力资源归因的定义作为对该概念的界定，即人力资源归因是指个体对组织内实施的人力资源实践的管理动机做出的因果关系解释（林新奇、郑海涛，2018）。

2.1.6　人力资源归因影响因素研究

虽然有关人力资源归因的研究尚未受到广泛关注，但是部分学者的相关实证研究仍取得了一定成果（见表 2-2），其中大部分都以研究人力资源归因的影响结果为主。

表 2-2　已有人力资源归因相关研究情况

研究文献	HR 实践	前因变量	结果变量		
			态度	行为	其他
Chen 和 Wang（2014）	HR system		组织支持感、离职意愿		
Fontinha 等（2012）	HR system		情感承诺		
Nishii 等（2008）	HR system		情感承诺、满意度	组织公民行为	
Shantz 等（2016）	HR system		工作超载、工作卷入	情绪衰竭	
Tandung（2016）	HR system		工作满意度、离职意愿		
Valizade 等（2016）	员工关系		工作满意度、组织承诺		
Han（2016）			离职意愿	组织公民行为	

续表

研究文献	HR 实践	前因变量	结果变量		
			态度	行为	其他
Hewett 等（2019）	HR system	分配和程序公平、组织犬儒主义			
Voorde 和 Beijer（2015）	HR system	高绩效工作系统实践覆盖程度	情感承诺、工作压力		
Sanders 等（2012）[①]	HRM	高承诺人力资源管理	情感承诺	创新行为	
黄昱方和吴畑霖（2017）	HR system				团队绩效
张倩和缪毅（2014）[②]	HRM	HRM			工作绩效

注：①该研究中人力资源归因（HR Attribution on HRM）作为调节变量引入，验证了人力资源归因能够调节高承诺人力资源管理与员工绩效的关系。
②该研究中 HRM 归因作为调节变量引入，验证了 HRM 归因能够调节 HRM 与员工工作绩效的关系。

2.1.6.1 国外学者的研究

Nishii 等（2008）在提出人力资源归因时，针对人力资源归因与员工态度之间的关系进行实证研究。他们选择了当地一家大型连锁超市作为样本，发现承诺型人力资源归因能够正向预测员工态度（满意度和承诺），而控制型人力资源归因对员工态度具有负向预测作用。也就是说，当员工做出承诺型人力资源归因时，即能够感知到公司的人力资源实践管理动机为提升员工的幸福感和服务质量时，他们会认为自身被组织看做长期投资的资产，能够获得组织的积极对待，因此更倾向于对组织做出更多的承诺以回馈组织；而当员工做出控制型人力资源归因时，即感知到公司的人力资源实践策略侧重于压榨员工价值，严格压缩成本时，会感知到自身只是组织用于成本控制的工具，具有较高的可替代性，其相应地会表现出对组织较低的承诺水平。

Nishii 等（2008）认为，上述研究结论可通过资源基础观和社会交换理论进行解释。根据资源基础观，他们提出，当公司将人力资源策略定位于提升服务质量时，员工会更倾向于认为自己是组织实现战略目的的重要资源，其能够获得组织更多和更长久的投入，相较于公司的经营收入，公司领导更重视员工在工作上的努力和付出，以及公司能够为员工带来的更为强烈的幸福感。而当公司的人力资源策略定位于成本控制时，公司领导会更多地将员工作为压缩成本的工具，强调员工的服从性，一切工作都要完全按照规则和流程进行，并对员工的工作产出实行严格的监控。根据社会交换理论，承诺型人力资源归因暗含对员工幸福感的关注以及对提升服务质量的追求，个体感受到这些积极意义后，基于互惠原则，会产生回馈组织的责任感，这种责任感最终会提升个体的满意度和承诺。然而，如果个体做出的是控制型人力资源归因，即对于组织人力资源实践目的的感知是基于低成本策略时，会相应地降低个体的满意度和承诺水平。此外，该研究还指出，符合工会要求作为外部归因，对于态度的预测作用并不显著。这种情况的出现可能与法律和政策等本身具有强制性属性，与个体性格特征及个体对组织管理价值观的理解关联度不强（Jones & Davis, 1965）有关。同时，外部归因对行为和事件的预测作用较内部归因更低，其对行为的解释效用也会表现出更多的不稳定性和难以控制性。

Fontinha、Chambel 和 Cuyper（2012）以外包的 IT 员工为研究对象，指出这些员工面临两种工作关系，一种为其与外包公司的雇佣关系，另一种为其与派驻到客户公司的工作关系。员工对于这两家公司的态度会受到其对外包公司人力资源管理政策感知的影响。通过对 158 名高技能 IT 人员的调查，运用结构方程模型进行检验发现，如果员工对于外包公司的人力资源实践做出承诺型归因,会具有明显的态度好处,并验证了承诺型人力资源归因能够正向预测对客户公司的情感承诺,控制型人力资源归因能够负向预测对客户公司的情感承诺,此外,这两种预测关系均能被员工对外包公司的情感承诺所中介。

Chen 和 Wang（2014）在 Fontinha 等人研究的基础上做进一步拓展,以 20 家国内公司为样本,根据 Nishii 等（2008）构建的人力资源归因理论框架,结合社会交换理论,以人力资源归因作为自变量,探讨其在组织变革情境下对于员工绩效结果的预测作用。由于工会体系在我国的发展还不够完善,因此,该研究的进行主要以内部归因为出发点。根据其结论,承诺型人力资源归因在对组织支持感的影响作用中能够发挥正向预测作用,而控制型人力资源归因在对组织支持感的影响作用中发挥负向预测作用。同时,研究还发现,承诺型和控制型人力资源归因均能够在组织支持感的中介作用下对任务绩效和离职意愿发挥显著的影响效应。

Tandung（2016）同样研究了人力资源归因与离职意愿间的关系,与 Chen 和 Wang（2014）的研究不同,其引入工作满意度这一变量,试图从全新的角度揭示人力资源归因对离职意愿的作用机制。通过对来自荷兰的制造业、服务业、政府部门等多家公司的 454 个个体样本的研究,发现工作满意度能够中介人力资源归因对离职意愿的作用。

Voorde 和 Beijer（2015）在 Nishii 等（2008）的基础上,对人力资源归因的两个维度内部构造做了进一步精简,具体为在承诺型人力资源归因维度去掉提升服务质量,保留提升员工幸福感,从而提出幸福型人力资源归因。同时,他们在研究中根据样本的实际情况引入绩效型人力资源归因,并以此从高绩效工作系统出发,探讨影响这两种归因的前因变量,以及两种归因作为自变量,对情感承诺和工作压力的影响效用。研究样本为 1 065 名分散在 150 个团队的员工,通过运用跨层分析的方法，发现高绩效工作系统对幸福型人力资源归因和绩效型人力资源归因均能实现正向影响，表明员工能够从高绩效工作系统中获得两点信息，即员工在这种环境下被组织当做重要资源并可获得积极对待，并且组织同样期待员工能够在工作中有更好的绩效表现（Jensen、Patel & Messersmith，2013）。此外，研究还发现，做出幸福型人力资源归因的个体感知到的来自组织的支持能够正向影响情感承诺，并对工作压力具有负向影响。但是，绩效型人力资源归因对工作压力具有正向影响，表明当个体感知到组织的人力资源策略主要倾向于提升绩效时，会随之感知到组织对自身的工作要求也在提高，这一能量损害过程会促进员工对于压力的感知，而且可获得的资源也无法对这一过程起到缓解作用（Bakker、Demerouti & Verbeke，2004）。研究中有关绩效型人力资源归因对情感承诺具有负向影响的假设未能获得支持，这种情况的出现可能是由于绩效型人力资源归因作为组织对员工在工作上的期待，与支持和社会资源的缺失并无显著联系有关。

  Shantz 等（2016）通过梳理已有的关于探讨幸福感和人力资源实践感知之间关系的研究，发现这类研究的最终结果存在较大出入，部分研究结果甚至相互矛盾，因此，他们引入人力资源归因，试图通过全新视角为上述问题找到答案。根据其研究结论，当个体对组织实施人力资源实践目的形成的是为了改善工作绩效的感知时，会表现出更高程度的工作卷入，从而带来情绪衰竭水平的削弱。而当个体对组织实施人力资源实践目的形成的是为了压缩成本的感知时，会感到较高程度的工作超载，从而导致情绪衰竭水平的提升。该研究结论通过资源保存理论获得了合理解释。

  Valizade、Ogbonnaya、Tregaskis 和 Forde（2016）使用来自爱尔兰的大型辅助数据集，以雇佣关系为归因对象，将承诺型归因概念化为个体对员工参与实践与成果之间关系强度的看法。研究发现，员工认为参与实践会导致工作满意度的观念与若干积极成果相关。尽管此衡量方法可以捕获个体对参与实践与员工工作态度之间因果关系的信念，但仍然缺少员工对参与实践归因的说明。

Han（2016）的研究通过对一家公司中53组共499名员工的调查，发现领导-成员交换和相对领导-成员交换在幸福型（well-being）和剥削型（exploitation）人力资源归因与员工成果的关系中具有重要影响。幸福型和剥削型人力资源归因均对组织公民行为有显著影响，幸福型人力资源归因还对离职意愿有显著影响，而相对领导-成员交换对幸福型人力资源归因在上述影响中具有重要交互作用。

Sanders 等（2012）在研究中同样引入了人力资源管理归因，并检验了人力资源归因能够调节人力资源管理和员工绩效的关系。需要说明的是，与 Nishii 等（2008）提出的人力资源归因概念不同的是，该研究所指的人力资源归因（HR Attribution on HRM）主要是基于 Kelley 归因理论的协变量原则，意为员工对于公司人力资源管理的理解。研究结果表明，当员工认为人力资源管理具有高独特性、高一致性和高共识性时，则会强化高承诺人力资源管理对员工情感承诺和创新行为的影响作用。

Hewett、Shantz 和 Mundy（2019）对人力资源归因的前置影响因素做了研究，其基于归因理论提出信息（对分配和程序公平的感知）、信念（即组织犬儒主义）和动机（相关性感知）三者能够影响人力资源归因。通过对英国347名学者的调查，发现公平和犬儒主义对承诺型人力资源归因都具有显著影响，但是对控制型人力资源归因影响效果并不显著，即对分配和程序公平的感知能够正向预测承诺型人力资源归因，而犬儒主义则会对承诺型人力资源归因起负向预测作用。同时，研究还发现公平和犬儒主义具有交互作用，即分配的公平性能够缓解犬儒主义带来的负面效应，而如果个体对组织持怀疑态度，其更有可能将公平程序归因于外部不利因素。

2.1.6.2 国内学者的研究

除上述国外研究,国内学者近年来也逐渐重视人力资源归因,并进行了相关的实证研究。

黄昱方和吴畑霖（2017）在基于上、下级配对的 72 套工作团队数据的实证研究中,探讨了人力资源归因对团队绩效的作用。研究结果表明,团队承诺型人力资源归因能够正向预测团队绩效,且团队敬业度能够中介该影响效应。同时,变革型领导能够正向调节团队承诺型人力资源归因对团队绩效的预测作用,且该调节作用通过中介变量团队敬业度的部分中介作用发生。与先期大部分研究不同的是,黄昱方和吴畑霖发现,团队控制型人力资源归因的消极影响并不显著,即团队控制型人力资源归因对团队敬业度和团队绩效均无显著影响。

类似于 Sanders 等（2012）的研究,张倩和缪毅（2014）的研究同样引入了 HRM 归因,即企业为什么要进行人力资源管理,但与前者主要考虑人力资源管理的独特性、一致性和共识性不同的是,该研究将 HRM 归因分为利己归因的 HRM 和利他归因的 HRM,并提出根据归因效果理论,人们更愿意接受他人利他的动机而排斥利己的动机。鉴于此,该研究提出并验证了 HRM 归因能够调节 HRM 与员工工作绩效的关系,并能够中介员工个人价值观对 HRM 与员工工作绩效之间关系的调节作用。

2.1.7 人力资源归因的测量

已有研究中对人力资源归因的测量所采用的均为来自 Nishii 等（2008）开发的量表,但是该量表在实际使用中存在适用性问题,如题目数量过多、内容适配性不足等,因此,部分学者对该量表进行了调整。本研究将在第 3 章对人力资源归因量表存在的问题及相应的修订工作进行详细说明。

2.1.8 小结

早期归因理论提出行为的享乐相关性能够影响个体对这一行为的归因，当行为被理解为对个体有益时，个体会产生有意的归因，而当行为被理解为对个体有相反作用时，个体会产生不良归因（Jones & Davis, 1965）。通过梳理可以看到，现有大部分研究都是在 Nishii 等（2008）所提出的人力资源归因概念的基础上进行实证分析，大部分都对承诺型人力资源归因的积极作用和控制型人力资源归因的消极作用做了验证。但是其中还存在一些问题值得关注。

第一，对于个别研究中有关人力资源归因维度的划分还存在冲突。可以看出，大部分研究都遵循 Nishii 等对人力资源归因中内部归因的分类，即分为承诺型和控制型。其中，对个体态度和行为往往存在积极影响的承诺型人力资源归因中，涉及为顾客提供优质服务暗含提升绩效的目的，而在 Voorde 和 Beijer（2015）的研究中，绩效型归因对个体态度和行为的影响却是消极的，这一矛盾有待后续研究进一步明确和解决。同时，在大部分研究中，控制型人力资源归因均能够预测个体的消极行为和态度，然而这种现象在黄昱方和吴畑霖（2017）的研究中并不成立。

第二，人力资源归因作为自变量发挥预测作用的实证研究有待进一步拓展。根据 Weiner（1979）的归因理论，人们对特定事物的感知能够预测其后续行为，Nishii 等（2008）也指出人力资源归因会对个体的态度和行为产生影响。虽然已有部分研究验证了人力资源归因对工作满意度、离职意愿、团队绩效等因素的影响，但这些研究显然不足以充分发挥人力资源归因在理论与实践中的作用，从人力资源归因出发探讨对其他因素的影响效用，从而进一步丰富和加强人力资源归因的理论内涵和管理实践价值非常有必要。

第三，以往的有关实证研究，无论涉及的是承诺型归因和控制型归因，还是幸福型归因和控制型归因，大部分是基于人力资源归因中的内部归因，而外部归因仅在 Nishii 等（2008）的研究中有所提及，其对员工态度和承诺的预测作用并未获得支持。由此可见，针对人力资源归因中外部归因作用的检验仍有所欠缺。

第四，先前的实证研究中，人力资源归因几乎均是作为自变量出现，用于检验对于其他因素的影响效应。而人力资源归因作为结果变量，探讨人力资源归因前因变量的研究较为匮乏，目前只有 Voorde 和 Beijer（2015）的研究验证了高绩效工作实践的覆盖范围可以有效预测绩效型归因和幸福型归因，以及 Hewett 等（2019）从公平和组织犬儒主义出发探讨其对人力资源归因的研究。

第五，本研究还注意到，包括国内研究在内，有关人力资源归因实证研究中所使用的量表，基本均是沿用西方国家的研究成果，如果直接使用这些量表，特别是将其应用于国内，是否符合中国企业的实情还存在较大疑问。对于这一疑问，后续分析将进一步探讨。

2.2　人力资源知识共享积极行为

2.2.1　知识共享的概念及其起源

自古希腊时期以来，有关知识是什么这一问题就广受关注，虽然唯理主义和经验主义之间存在本质的区别，但是柏拉图在"曼诺篇"、"费度篇"和"斯阿特图斯篇"提出的有关知识的定义仍被众多西方哲学家认可，即知识是经过验证的真实信念（野中郁次郎、竹内弘高，2006）。知识是一个能够在竞争的和动态的经济活动中提供持续竞争优势的关键组织资源（Grant，1996；Spender & Grant，1996；Davenport & Prusak，1998；Foss & Pedersen，2002）。近 20 年来，知识资源的价值愈发受到理论界的关注，引出众多从个体及组织层面出发的研究（李佳宾、朱秀琴、汤淑梅，2019），特别是知识基础观的提出，显示了知识在企业中的重要战略作用（Grant，1996）。

知识共享（knowledge sharing）的出现可以追溯到人类社会初期，即原始社会。原始社会在部落内部进行捕猎技术的共享就是知识共享的典范。随着社会的进步，在农业社会中出现的农业种植知识的共享，以及工业社会中工业产品生产知识的共享，都是知识共享的最好体现。但是人类对于知识共享如何产生、如何触发以及如何提速等一系列问题所展开的系统性研究却是自20世纪后期才开始的。

Nonaka 和 Takeuchi（1995）提出知识共同体的概念。他们通过研究总结出知识共享是一种自觉进行和慷慨付出的过程，知识共享的动力来自责任和自我胜任感。Davenport 和 Prusak（1997）则在研究中提出知识共享具有非自然产生的特征。这些均是针对知识共享展开的较早的系统性研究成果。Ruggles（1998）通过对知识共享的进一步研究，确定了知识共享的难点在于如何控制人们的行为。正是源于知识共享行为的非自然产生和难以控制的特性，一部分学者采用理性行为理论（Fishbein & Ajzen，1975）解释知识共享的发生，部分研究获得了实证支持。

2.2.2 知识共享的内涵

目前，对于知识共享还没有形成统一的学术定义。一部分学者从交换的角度进行区分，即认为知识共享是通过个体之间相互交换信息、认知、观点和知识来实现的。Hooff 和 Ridder（2004）认为，知识共享是个体间对其隐性和显性知识进行交换，并创造出新知识的过程。Bartol 和 Srivastava（2002）认为，知识共享主要是针对信息、观点、建议和特长之间的交换和分享。此外，也有部分学者从共享目的、共享主体和共享渠道方面对知识共享做了定义，即知识共享是以扩大知识的价值以及促进知识效应的产生为目的，员工在企业内或企业间以多种方式交换知识的行为（李佳宾等，2019；谢康、吴清津、肖静华，2002；王言峰、杨忠，2010；汤淑琴、陈彪、陈娟艺，2018）。另一部分研究从转换的角度进行区分，即将知识共享看做信息、认知、观点和知识的转化过程。如 Ipe（2003）认为知识共享的过程就是个体的知识通过转化而被他人吸收、掌握的过程。还有一部分学者将交换和转换两个过程相结合，提出企业内的知识和信息在部门和员工间转移和聚合的活动即为知识共享，隐性知识和显性知识在其中得以实现转化（朱秀梅、张妍、陈雪莹，2011）。

以上不论哪种观点，都离不开两个关键点。首先，知识共享离不开知识的提供者和接收者，前者是知识共享的发起源，其知识质量、数量决定知识共享上限，后者是知识共享的受益点，其对知识的选择性接收数量决定了知识共享的下限。其次，知识共享离不开知识的迁移过程，即从知识提供者所共享的知识迁移到接受者的过程，其中知识提供者的共享意愿、共享方式，以及知识接收者的理解能力，都会对知识共享结果产生影响。

结合上述分析，本研究认为知识共享是指员工将自身具备的有益于提升个体绩效的知识、信息或者技能分享给其他个体，旨在通过组织内个体绩效的提升实现组织绩效提升的行为。

此外，还有以下三个方面需要特别指出。第一，相较于对外部知识的获取，本书所说的知识共享更强调将本体所拥有的知识分享给其他个体的过程。第二，虽然近些年来有大量学者对组织层面的知识共享做了大量研究（Dong et al.，2017；Loebbecke、Fenema & Powell，2016），但是本研究涉及的知识共享主体仅涉及个体层面，这一点和研究的立意以及整个框架相吻合。第三，以往有关知识共享的研究分别有组织间知识共享和组织内知识共享，本研究所涉及的知识共享主要为后者。

2.2.3 知识共享的维度划分

此前学界已经基于知识共享进行了大量研究,而这些研究对知识共享的划分方式并未达成一致。本书在前人分析汇总的基础上做进一步拓展,试图从知识类型、知识共享特征、共享范围和过程视角四个维度对知识共享进行划分(见表 2-3)。

表 2-3 知识共享划分维度

划分依据	维度	代表性研究
知识类型	●隐性知识、显性知识	Bock 等(2005);Wang 等(2014);Chung 等(2015)
	●专门型知识、非专门型知识	Zellner(2003)
知识共享特征	●深入性、广泛性、实效性	沈其泰等(2004)
	●知识共享质量、知识共享数量	Chiu 等(2006);曹玲和顾兵光(2018)
	●知识共享努力、知识共享频率	King 和 Marks(2008)
	●知识共享的多样性、知识共享范围	Wang 和 Noe(2010)
	●正式知识共享和非正式知识共享	Zahra 等(2017);Taminiau 等(2009)
知识共享范围	●团队内部知识共享、团队外部知识共享	Cummings(2004)
	●团队内知识共享、跨团队知识共享	Mooradian 等人(2006)
过程视角	●知识转移、知识创造	Zárraga 和 Bonache(2003)
	●知识贡献、知识收集	Hooff 和 Weenen(2004);Lin(2007);Jain 等(2015)
	●知识的内化、知识的社会化、组织的外化和知识的组合	Bradshaw 等(2015)

(1)以知识类型为依据进行划分。知识从认知角度可分为显性知识,即通过文字、语言、手势等直接进行表达的知识,以及隐性知识,即那些在人们意识中真实存在的,不易直接显现出来的,但能对现实事物产生影响的知识(Polanyi,1966)。在此基础上,知识共享可分为显性知识

共享和隐性知识共享（Bock et al., 2005; Wang、Wang & Liang, 2014; Chumg、Cooke & Hung, 2015）。此外，Zellner（2003）根据知识的专业性质，可以将知识共享划分为专门型知识共享和非专门型知识共享。

（2）以知识共享特征为依据进行划分。沈其泰、黄敏萍和郑伯壎（2004）将分享的深入性、广泛性和实效性作为度量知识共享的维度；Chiu、Hsu 和 Wang（2006）以及曹玲和顾兵光（2018）则根据知识共享的质量和数量来衡量知识共享；King 和 Marks（2008）在已有研究基础上，将知识共享划分为知识共享努力和知识共享频率；Wang 和 Noe（2010）提出知识共享包括知识共享范围和知识共享多样性；Zahra、Neubaum 和 Larrañeta（2007）将知识共享区分为正式知识共享和非正式知识共享，这种划分方式在 Taminiau、Smit 和 Lange（2009）的研究中也被采用。

（3）以共享范围为依据进行划分。Cummings（2004）的研究中，将知识共享分为团队内部知识共享和团队外部知识共享；Mooradian、Renzl 和 Matzler（2006）在后续研究中也采用类似概念，即将知识共享分为团队内知识共享和跨团队知识共享。

（4）以过程视角为依据进行划分。Zárraga 和 Bonache（2003）认为知识共享可分为知识转移和知识创造两个部分；还有部分学者将知识共享划分为知识贡献和知识收集（Hooff & Weenen, 2004; Lin, 2007; Jain、Sandhu & Goh, 2015）；Bradshaw、Pulakanam 和 Cragg（2015）则基于 Nonaka 的研究，将知识共享分为知识的内化、知识的社会化、组织的外化和知识的组合四个方面。

2.2.4 知识共享行为的影响因素研究

已有研究成果表明学界对知识共享已经进行了广泛探讨与验证，其中大部分研究都是以知识共享作为因变量，探讨能够影响知识共享行为的因素及其作用机制。此外，也有部分研究将知识共享作为自变量，尝试发现知识共享在现实生活中能够对其他事物产生怎样的影响。由于知识共享行为在本书中作为因变量出现，本部分内容梳理的文献主要为将知识共享作为因变量的研究。

下面主要从个体因素、组织文化、组织管理、工作特性、社会关系、知识特征及使用以及激励方式几个方面就相关文献进行梳理。

2.2.4.1 个体因素

Davenport 和 Prusak（1998）认为个体生来就有好的品质，也具备与他人共享知识的意愿，且不期望任何回报，并将这一点归因于人类的天性、对本专业的狂热以及受到利他主义的影响。Constant、Kiesler 和 Sproull（1994）也提出自私自利主义对知识共享行为具有负向影响。赵树松（2013）在其对我国情境下知识共享动机的研究中，将个人兴趣、集体情感与责任、规则服从、成就感知、关系构建作为5个动机因子，发现个人兴趣（$\beta = 0.61$，$p<0.001$）、集体情感与责任（$\beta = 0.12$，$p<0.01$）能够正向预测知识共享行为。此外，Hendriks（1999）的研究同样验证了成就感能够成为员工知识共享的动机。金辉等（2019）在集体情感方面进行拓展，其研究表明高集体主义导向的个体也会表现出更多的知识共享行为。信任可以有效降低个体对于共享成本感知的负面效应（Kankanhalli、Tan & Wei，2005），郑万松、孙晓琳和王刊良（2014）引入社会资本理论，并证实信任（$\beta = 0.30$，$p<0.001$）、形象（$\beta = 0.22$，$p<0.001$）、失去知识的权威（$\beta = -0.15$，$p<0.01$）和计算机效能（$\beta = 0.51$，$p<0.001$）都对知识共享态度具有显著影响，信任的高低对知识共享的影响也被后续多位学者证实（Rutten、Franken & Martin，2016；何俊琳、刘彤、陈毅文，2018）。商淑秀和张再生（2015）则发现虚拟企业成员之间的信任程度和成员地位的提升能够增强知识共享意愿，而知识共享的传递成本、沟通成本和机会成本会增加共享难度，从而对知识共享意愿产生负面影响。Hsu、Ju、Yen 和 Chang

(2007) 以及 Lin (2007) 的研究都验证了自我效能能够正向预测知识共享行为。而 Fullwood 和 Rowley (2017) 发现，学者之间的个人信念相比组织文化对知识共享态度的影响更大。Bilgihan、Barreda、Okumus 和 Nusair (2016) 在此基础上进行了更为深入的研究，并发现正直的信念能够正向影响知识共享行为，而关注、感激的缺失和害怕出丑 (Lilleoere & Hansen, 2011) 则被证实为阻碍知识共享行为的重要因素。Matzler、Renzl、Müller、Herting 和 Mooradian (2008) 以大五人格 (the five-factor model) 中的尽责性、随和性和开放性为自变量，证实了这些变量对知识共享行为均可形成显著的正向预测，路径系数分别为 0.24、0.23 和 0.27，均在 0.001 水平以下显著。唐于红、赵琛徽、陶然和刘欣 (2019) 从个体地位竞争动机出发，发现威望型和支配型地位竞争动机均能够对知识共享行为产生显著作用，其中前者可以发挥正向预测作用，而后者则会发生负向预测作用。袁凌、曹洪启和张磊磊 (2018) 则提出个体资质过高感会负向预测知识共享行为，且其影响效应能够被核心自我评价中介。Bock 等 (2005) 证实自我价值感 ($\beta = 0.301$, $p < 0.001$) 可以通过主观规范的中介作用对知识共享意愿产生正向影响，而公平性 ($\beta = 0.433$, $p < 0.001$)、依附性 ($\beta = 0.404$, $p < 0.001$) 和创新性 ($\beta = 0.403$, $p < 0.001$) 均可通过主观规范的中介作用或者直接作用于知识共享意愿。Safa 和 Solms (2016) 的研究则验证了对于好奇心的满足同样可以促进知识共享行为。王丽平、于志川和王淑华 (2013) 在对 69 家企业 329 人的调查中发现，心理距离同样负向影响知识共享行为，且其影响效应能够被组织支持感中介。李涛和王兵 (2003) 的研究发现，对组织的归属感、宽容度和信任度越强，越有利于知识的转移。许超和贺政凯 (2019) 的研究则证实外倾性和严谨性能够正向预测知识共享行为。金辉、盛永祥和罗小芳 (2020) 发现，认知动机和亲社会动机均能够影响知识共享行为，具体为个体所

具备的认知动机越强烈,越有可能做出个人导向和组织导向的知识共享行为。

有关从个体因素维度出发探讨知识共享前因变量的研究汇总见表2-4。

表2-4 从个体因素维度出发探讨知识共享前因变量的研究汇总表

划分维度	前因变量	代表性研究
个体因素	自私自利主义	Constant 等(1994)
	集体情感与责任、个人兴趣	赵树松(2013);Hendriks(1999)
	集体主义	金辉等(2019)
	信任	李涛和王兵(2003);Kankanhalli 等(2005);Chiu 等(2006);Nakano 等(2013);郑万松等(2014);Chen 等人(2014);商淑秀和张再生(2015);Rutten 等,(2016);何俊琳等(2018)
	形象、失去知识的权威、计算机效能	郑万松等(2014)
	自我效能	Hsu 等(2007);Lin(2007)
	个人信念	Fullwood 和 Rowley(2017)
	沟通成本和机会成本会、传递成本、成员地位	商淑秀和张再生(2015);唐于红等(2019)
	关注、感激的缺失和害怕出丑	Lilleoere 和 Hansen(2011)
	个体资质过高感	袁凌等(2018)
	心理距离	王丽平等(2013)
	尽责性、随和性和开放性	Matzler 等(2008)
	自我价值感	Bock 等(2005)
	好奇心满足	Safa 和 Solms(2016)

续表

划分维度	前因变量	代表性研究
个体因素	外倾性、严谨性	许超和贺政凯（2019）
	组织的归属感、组织宽容度	李涛和王兵（2003）；Lin 和 Lee（2006）
	认知动机、亲社会动机	金辉等（2020）

2.2.4.2 组织文化

文化涉及根植于社会并通过个体和组织的行为所表达的一系列信念（McDermott & O'Dell, 2001）。有大量研究从此角度出发探索知识共享的影响因素，强调个体竞争的组织氛围会对知识共享造成障碍，而团队合作感知会创造信任感，为知识共享创造必要条件（Schepers & Berg, 2007；Willem & Scarbrough, 2006）。此外，Ruppel 和 Harrington（2001）的研究表明，着重创新的组织更倾向于使用内联网的知识管理系统，这可在主观规范的作用下鼓励信息共享（Bock 等, 2005；Jill、McKinnon & Harrison, 2003）。Lin 和 Lee（2006）发现决策者对于知识共享在商业、适配现有商业过程和鼓励知识共享复杂性方面的感知，会中介组织气氛和组织鼓励知识共享意愿之间的关系。而对于创新想法的鼓励以及从失败中汲取经验进行学习的氛围也被证实能够正向影响知识共享（Taylor & Wright, 2004）。然而，Lee、Kim 和 Kim（2006）的研究却发现学习导向氛围对知识共享的预测并不显著。Chiu 等（2006）以知识共享的数量和质量为研究对象，发现社会互动关系、互惠规范和身份认同能够正向预测知识共享的数量，共同愿景、共同语言和信任能够正向预测知识共享的质量；而共同愿景和共同语言均能够负向预测知识共享的数量。但在 Wasko 和 Faraj（2005）的研究中，互惠规范与知识共享的关系并不显著。此外，还有部分研究证实，低集中组织结构（Kim & Lee,

2006），创造鼓励员工互动的工作氛围（Jones，2005），鼓励跨部门沟通和非正式会议（Liebowitz，2004；Liebowitz & Megbolugbe，2003；Yang & Chen，2007）等因素对知识共享均有积极的影响作用。Xue、Bradley 和 Liang（2011）在一份针对美国高校 434 位选修了涉及团队工程课程的学生的研究中发现，包括团结、信任和创新的团队气氛（$\beta = 0.14$，$p<0.05$），以及示例引导、决策参与、辅导、通知和关心在内的授权型领导（$\beta = 0.18$，$p < 0.01$）能够显著影响知识共享行为。Srivastava、Bartol 和 Locke（2006）引入团队管理概念，通过对美国 102 家酒店的管理团队的实证研究，同样发现管理层做出更多的领导授权时，员工也能做出更多的知识共享行为（$\beta = 0.41$，$p<0.01$）。李锐、田晓明和孙建群（2014）的研究则表明，自我牺牲型领导能够显著正向影响员工的知识共享，而领导信任和员工传统性在其中能够分别起到完全中介作用和调节作用。Suppiah 和 Sandhu（2011）将组织文化进一步分为部落型组织文化、市场型组织文化和等级型组织文化，其中部落型组织文化对隐性知识共享行为具有正向影响（$\beta = 0.011$，$p<0.001$），而市场型组织文化（$\beta = -0.005$，$p < 0.01$）和等级型组织文化（$\beta = -0.006$，$p<0.001$）对知识共享行为均有负向预测作用。Fullwood 和 Rowley（2017）在组织文化对知识共享的影响研究中发现，领导力是影响力度最大的因素，自主权的影响力度则最小，而领导力的不足也会阻碍知识共享（Qureshi & Evans，2015）。Cavaliere 和 Lombardi（2015）的一份针对来自 6 家意大利子公司的 389 名员工的实证研究表明，创新性、团体性和官僚文化对知识共享行为都有显著正向预测作用，创新文化能够增强员工的创造力，从而使其能够贡献解决问题的办法并分享知识，注重严格服从原则和程序的官僚主义则被证实对员工的知识共享行为有正向关系（Haq & Anwar，2016），而相对于达成金融和市场份额等目标，团体性更容易被作为全体员工相互依赖的

文化（Deshpande、Farley & Webster，1993），也更容易促进员工间进行知识共享行为。Perralta 和 Saldanha（2014）认为，知识集中型文化是指一组组织价值、核心信念、规范和社会规则，它们在工人创建、共享和应用知识时作为工人的共同参考，对于知识管理实践的成功至关重要。其在一份针对 128 名美国员工的跨层研究中证实，知识集中型文化仅在具有高度信任倾向的个人中促进知识共享。对于信任度较低的个人，知识集中型文化对知识共享没有影响。McAdam、Moffett 和 Peng（2012）针对中国公司的研究表明，高权力距离、低个体主义、高男子主义和高不确定避让行为会成为知识共享和知识转移的阻碍。而部分学者针对多元文化的开放性也做了相关研究。Fong 等（2013）证实，对多元化的开放性和多文化工作团队能使员工从总部学习转移知识到分支机构。然而，也有部分学者对此提出相反的观点，认为高度的文化差异性将阻碍知识的转移并降低员工绩效（Palich & Mejia，1999；Puck、Rygl & Kitter，2007）。此外，Suppiah 和 Singh（2011）的研究还证实，家族文化对个体的隐性知识共享行为具有正向预测作用。何俊琳等（2018）则从人力资源管理实践出发，证实承诺型人力资源管理实践对知识共享有预测作用，知识共享意愿在其中可发挥部分中介作用。

有关从组织文化维度出发探讨知识共享前因变量的研究汇总见表 2-5。

表 2-5　从组织文化维度出发探讨知识共享前因变量的研究汇总表

划分维度	前因变量	代表性研究
组织文化	组织氛围、团队合作感知	Schepers 和 Van den Berg（2007）；Willem 和 Scarbrough（2003）
	创新	Bock 等（2005）；Jill 等（2003）
	鼓励新想法、关注从失败中学习	Taylor 和 Wright（2004）

续表

划分维度	前因变量	代表性研究
组织文化	社会互动关系、互惠规范、身份认同、共同语言	Chiu 等（2006）
	低集中组织结构	Kim 和 Lee（2006）
	员工互动	Jones（2005）
	跨部门沟通、非正式会议	Liebowitz（2003）；Liebowitz 和 Megbolugbe（2003）；Yang 和 Chen（2007）
	团结、创新的团队气氛，授权型领导	Xue 等（2011）；Srivastava 等（2006）
	自我牺牲型领导	李锐等（2014）
	等级型组织文化、市场型组织文化、部落型组织文化	Suppiah 和 Sandhu（2011）
	领导力、自主权	Fullwood 和 Rowley（2017）；Qureshi 和 Evans（2015）
	创新性、团体性、官僚文化	Cavaliere 和 Lombardi（2015）；Haq 和 Anwar（2016）
	团体性	Deshpande 等（1993）
	知识集中型文化	Perralta 和 Saldanha（2014）
	权力距离、个体主义、高男子主义、不确定避让行为	McAdam 等（2012）
	承诺的人力资源管理实践	何俊琳等（2018）
	文化差异性	Fong 等（2013）；Palich 和 Mejia（1999）；Puck 等（2007）

2.2.4.3 组织管理

高层支持能够通过影响员工对知识管理的责任感实现对知识共享质量和数量的作用（Hendriks，1999；Cavaliere & Lombardi，2015；McNichols，2010；Amayah，2013），而当同事和领导越发支持和鼓励知识共享，越能够促使个体认为知识共享更为重要（Cabrera、Collins &

Salgado，2006；Kulkarni、Ravindran & Freeze，2006），而缺少高层支持（McNichols，2010）会对知识共享产生抑制作用。然而，King 和 Marks（2008）的研究显示，在控制知识管理系统的易用程度和有用性后，组织支持感的预测作用并不显著，反而针对知识共享的管理支持和主管控制能够分别更好地预测员工的知识共享行为和知识共享频率有关的努力。Ma、Huang、Wu、Dong 和 Qi（2014）针对中国集体主义文化的研究中也发现领导类型对知识共享并无显著影响作用。曹勇和向阳（2014）在针对 339 名员工的实证研究中发现，正式知识治理（$\beta=0.65$，$p<0.001$）和非正式知识治理（$\beta=0.69$，$p<0.001$）均能够正向预测知识共享，社会资本在上述关系中能够发挥完全中介的作用。张生太、王亚洲、张永云和裴艳林（2015）的研究做了同样的验证，并发现组织支持感在正式知识治理和非正式知识治理对识共享行为的关系中分别起到部分中介和完全中介的作用。Reiholt、Pedersen 和 Foss（2011）在一份针对咨询公司 705 名员工的实证研究中证实，当知识网络集中化比较高的时候，员工知识的获取和提供能达到最大化。Pascual、Galende 和 Curado（2019）通过对内外部人力资源管理进行探讨，研究其对知识共享的影响，结果表明合作导向的人力资源管理对知识共享具有正向影响作用。Chou 和 Chang（2008）利用社会资本理论和计划行为理论检验知识创造的前因变量，发现知识创造态度可以正向影响知识创造意愿，知识创造意愿可以正向影响知识创造行为，在高联系团队中，主观规范对知识创造态度和知识创造意愿有显著预测作用，但是在低联系团队中，这种预测作用并不显著。赵书松（2012）检验了绩效考核政治性与知识共享行为的关系，得出结论：积极绩效考核政治性能够正向预测个体知识共享行为（$\beta=0.12$，$p<0.05$），而消极绩效考核政治性负向预测知识共享行为（$\beta=-0.12$，$p<0.01$）。此外，赵书松和廖建桥（2013）的研究还表明关系绩效考核能够正向预测知识

共享行为。流动工作描述和轮岗的使用（Kubo、Saka & Pan，2001；Yang & Chen，2007）也会促进知识共享。田立法（2015）则在其实证研究中提出高承诺工作系统对知识共享意愿具有显著影响，并进一步影响知识共享行为（$\beta=0.42$，$p<0.01$）。还有部分研究从人力资源管理实践出发，验证了雇佣和甄选、团队合作、培训、绩效评定等实践内容对知识共享行为的影响效应（Fong et al.，2013；McDermott & O'Dell，2001；Cabrera & Cabrera，2005；Kim & Lee，2006；Weiss，1999；Kankanhalli et al.，2005）。而战略人力资源管理（汪晓媛、宋典，2010）、内、外部人力资源管理（Munoz et al.，2019）、高绩效工作系统（朱春玲，陈晓龙，2013）也均被证实会对知识共享行为产生显著影响。但技术的更新换代、缺少讨论公告牌、资源的匮乏等（Gururajan & Fink，2010）则被证实会成为阻碍知识共享行为的因素。有关从组织管理维度出发探讨知识共享前因变量的研究汇总见表2-6。

表2-6 从组织管理维度出发探讨知识共享前因变量的研究汇总表

划分维度	前因变量	代表性研究
组织管理	高层支持	Hendriks（1999）；McNichols（2010）；Cavaliere 和 Lombardi（2015）；Amayah（2013）
	同事支持感、主管支持感、知识共享的鼓励	Cabrera 等（2006）；Kulkarni 等（2006）
	管理支持、主管控制	King 和 Marks（2008）
	正式知识治理、非正式知识治理	曹勇和向阳（2014）；张生太等（2015）
	知识网络集中化	Reiholt 等（2011）
	合作导向人力资源管理	Pascual 等（2019）

续表

划分维度	前因变量	代表性研究
组织管理	知识创造态度、知识创造主观规范	Chou 和 Chang（2008）
	关系绩效考核	赵书松和廖建桥（2013）
	高承诺工作系统	田立法（2015）
	人力资源管理实践	Fong 等（2013）；McDermott & O'Dell（2001）；Cabrera 和 Cabrera（2005）；Kim 和 Lee（2006）；（Weiss，1999）；KanKanhalli, Tan 和 Wei（2005）；何会涛和彭继生（2008）；赵书松和廖建桥（2013）
	内、外部人力资源管理	Munoz 等（2019）
	战略人力资源管理	汪晓媛和宋典（2010）
	流动工作描述、轮岗	Kubo 等（2001）；Yang 和 Chen（2007）
	缺少公告牌，资源匮乏、技术更新换代	Gururajan 和 Fink（2010）

2.2.4.4 工作特性

当工作负担过重或者时间紧迫的时候，知识共享也会受到阻碍，如 Qureshi 和 Evans（2015）在其研究中发现，工作压力增加会使员工分配时间进行知识共享活动变得更加困难，高工作负荷也会阻碍组织内员工间的知识共享行为（Gururajan & Fink，2010）。苏伟琳和林新奇（2019）从工作特征出发，发现工作反馈性、工作自主性、工作重要性、工作完整性和技能多样性五个核心维度对知识共享意愿和知识共享行为均有正向预测作用，并且知识共享意愿能够中介工作特征对知识共享行为的正向影响。Hendriks（1999）则依据双因素理论，证实工作责任、工作自主权和工作挑战性等激励因素能够成为员工知识共享的动机。郭永辉（2008）以知识共享行为的主观规范为中介变量，发现工作任务依赖程度对知识共享行为的正向预测作用，即企业内员工间工作任务互相依赖的程度越高，会增加员工间的交流，从而促进知识在企业内部的流动。有关从工作特征维度出发，探讨知识共享前因变量的研究汇总见表 2-7。

表 2-7　从工作特征维度出发探讨知识共享前因变量的研究汇总表

划分维度	前因变量	代表性研究
工作特性	工作压力、工作负荷	Qureshi 和 Evans（2105）
	工作反馈性、工作自主性、工作重要性、工作完整性和技能多样性	苏伟琳和林新奇（2019）；Foss 等（2009）
	工作责任、工作自主权和工作挑战性	Hendriks（1999）
	工作任务依赖程度	郭永辉（2008）

2.2.4.5　社会关系

当组织内个体间形成友谊关系时，进行知识转移的概率就会增加（Inkpen & Tsang，2005）。Zhou、Siu 和 Wang（2010）验证了人际间的信任和网络联系是相互关联的，因此，应该建立个体间的网络联系，以促进知识共享和转移（Haq & Anwar，2016）。Ghobadi 和 D'Ambra（2012）发现合作人际关系能够显著影响知识共享行为，而 Fullwood、Rowley 和 Delbridge（2013）以及 Amayah（2013）的研究也证实社会互动和同事间健康的社会关系能够发挥知识共享激活作用，同事间社交不足则会降低知识共享行为（Qureshi & Evans、2015）。Li、Chang、Lin 和 Ma（2014）提出联系强度、网络集中化、网络密度能够影响知识转移的过程。郭永辉（2008）在研究中根据社会网络理论，提出关系强度作为社会成员互动行为的基础，依据在不同企业间的合作、互惠、知识掌握程度的不同，其关系强度也会有所影响，并验证了关系强度能够显著预测知识共享行为。Nakano、

Muniz 和 Batista（2013）则从沟通出发，证实良好的沟通能够和信任气氛、开放性、合作意识一起，对创造促进异性知识共享的气氛具有帮助作用。此外，沟通不仅可以促进主动性知识共享行为（Teng & Song, 2011），也能够促进知识从一个个体向另一个个体转移（Miao、Choe & Song, 2011），而组织中如果缺少沟通（Chen、Sun & McQueen, 2010），相互间协调的缺失（Ajmal、Helo & Kekäle, 2010）会成为知识共享和转移的阻碍。有关从社会关系维度出发探讨知识共享前因变量的研究汇总见表2-8。

表2-8 从社会关系维度出发探讨知识共享前因变量的研究汇总表

划分维度	前因变量	代表性研究
社会关系	友谊	Inkpen 和 Tsang（2005）
	个体间的网络联系	Haq 和 Anwar（2016）
	合作人际关系	Ghobadi 和 D'Ambra（2012）
	社会互动、同事关系	Fullwood 等（2013）；Amayah（2013）；Qureshi 和 Evans（2015）
	联系强度、网络集中化、网络密度	Li 等（2014）
	关系强度	郭永辉（2008）
	沟通、开放性、合作意识	Chen 等（2010）；Teng 和 Son（2011）；Miao 等（2011）；Nakano 等（2013）
	相互间的协调	Ajmal 等（2010）

2.2.4.6 知识特征及使用

商淑秀和张再生（2015）提出知识间的互补性对知识共享的直接和协同收益都有正向影响，从而能够正向预测知识共享意愿。Haas、Criscuolo 和 George（2015）通过对网络论坛中对1251对匹配成功和12510对未实现匹配的问答进行分析时发现，问题的长度、广度和新颖度以及专业匹配度对知识共享者的注意力分配均有显著影响作用。Zhou 和 Li（2012）的研究表明，拥有广度知识库的公司更容易实现彻底创新，表现为相比市场知识获取，更容易表现出内部知识共享，拥有深度知识库的公司更能够通过市场知识获取，而不是内部知识共享来实现彻底创新。郭永辉（2008）的研究则表明，知识类型对知识共享行为具有显著影响，即当知识为显性知识时，越容易进行知识共享。Bilgihan、Barreda、Okumus 和 Nusair（2016）在消费者通过线上社交网站查询信息的实证研究发现，知识的易用性和对正直的信念能够显著影响知识共享行为。Song（2001）同样在其研究中列举了知识共享的媒介，如内联网、电子邮件、数据库网站、公告牌、网络论坛等，这些媒介可以在组织内外有效促进知识共享。此外，社交网络工具（Panahi、Watson & Partridge，2013）、博客、维基百科（Zhao & Chen，2013）、推特（Rathi、Given & Forcier，2014）等工具同样对于知识共享行为具有促进作用。郭永辉（2008）的研究表明，IT 平台的完善能够促进员工分享知识的自我信任，从而影响知识共享行为。而缺少技术层面的支持（Ranjbarfard et al.，2014），IT 技术方面的限制和高知识共享成本（Qureshi & Evans，2015），知识自身的独特性（Ford & Staples，2010）以及对知识本身内容的模糊性和不确定性（Fang、Yang & Hsu，2013），都会对知识共享行为产生抑制作用，而知识自身的隐性程度对知识在网络工具上共享的阻碍作用尤为明显（Panahi et al.，2013）。金辉、李支东和段光（2019）在其研究中也发现，当知识具有较高的隐性度时，会严重抑制知识共享的发生。有关从知识特征及使用维度出发探讨知识共享前因变量的研究汇总见表 2-9。

表 2-9 从知识特征及使用维度出发探讨知识共享前因变量的研究汇总表

划分维度	前因变量	代表性研究
知识特征及使用	知识互补性	商淑秀和张再生（2015）
	问题的长度、广度、新颖度、专业匹配度	Haas 等（2015）
	知识库深度	Zhou 和 Li（2012）
	显性知识、隐性知识	郭永辉（2008）；Panahi 等（2013）；金辉等（2019）
	知识的易用性	Bilgihan（2015）
	知识共享的媒介	Song（2001）；Panahi 等（2013）；Zhao 和 Chen（2013）；Rathi 等（2014）；郭永辉（2008）
	IT 技术支持	Ranjbarfard 等（2014）；Qureshi 和 Evans（2015）

2.2.4.7 激励方式

从激励方式上看，主要分为外生激励和内生激励。其中，外生激励是指通过外部物质奖励、互惠关系来刺激知识占有主体共享知识；内生激励主要是从自我满足、精神愉悦的感受出发来刺激知识占有主体的共享知识行为。学界对于内生、外生激励对知识共享的影响也有着不同的看法。

部分学者对内生激励与知识共享的关系做了广泛的研究。Lin（2007）的研究表明，互惠关系、知识自我效能和助人愉悦感能够正向影响知识共享态度和意愿，而组织奖励期待对知识共享态度和意愿的影响并不显著。Wolfe 和 Loraas（2008）的研究表明，上级领导和同事的非货币性充分认可较不充分认可可能更好地激励员工进行知识共享。金辉（2013）通过引入主观规范，就内、外生激励对知识共享意愿的影响机理做了进一步阐述，得出内部激励因素主要通过知识共享态度来形成知识共享的意愿，而外生激励主要通过知识共享主观规范的作用形成知识共享意愿的研究结论。Bock 和 Kim（2002）以社会交换理论、自我效能和理性行为理论为基础，在一项对 4 家大型公共性质公司的 467 名员工的实证研究中发现，作为内部激励的感知和声誉提升对知识共享态度有积极影响（$\beta=0.103$，$p<0.05$）。有关内生激励对知识共享的正向影响在其他研究中也被证实（柯江林，石金涛，2006）。

另外也有部分学者研究了外生激励对知识共享产生的影响。Wah、MenkhoffLoh 和 Evers（2007）在其实证研究中发现，具有高竞争优势的员工在感知到组织奖励匮乏或者组织认可度不高的时候，其共享知识的可能性会降低，组织奖励在其他研究中同样被证实是促进知识共享的有利因素之一（King & Marks，2008）。Bock 等（2005）则证实期待的互惠关系（$\beta=0.376$，$p<0.001$）对知识共享态度具有正向影响。Chennamaneni（2007）也证实互惠收益对知识共享态度可以产生正向预测作用，路径系数为 0.097，$p<0.05$。KanKanhalli、Tan 和 Wei（2005）的研究证实，职位晋升、福利和加薪能够对知识管理系统中的知识贡献频率产生正向影响，特别是当员工能够产生组织认同的时候。Safa 和 Solms（2016）的研究证实，除职位晋升，还有赢得声誉都可以对知识共享行为产生显著影响。Kim 和 Lee（2006）的一份研究也发现，组织强调绩效工资能够对知识共享发生作用。

Jeon、Kim 和 Koh（2011）的研究提出内生激励和外生激励对于个体知识共享态度均有正向影响作用，从而进一步影响其知识共享行为，该结论同样在其他的研究中被证实（Gagné，2009）。

但是也有大量研究表明外部激励对知识共享的影响并不显著，甚至可能会产生负向影响。Chennamaneni（2007）的研究发现，帮助他人带来的快乐感能够正向影响知识共享行为（$\beta=0.103$，$p<0.01$），同时也发现职位晋升、加薪、获得福利等组织刺激对员工的知识共享行为并没有显著影响。Kwok 和 Gao（2005）的研究也表明，外部动机对知识共享意愿的作用并不明显。Bock 和 Kim（2002）则在研究中证实，期待奖励作为外生刺激，对知识共享行为具有显著负向影响预测（$\beta=-0.124$，

$p<0.01$），即过多外部激励非但不会刺激员工的知识共享行为，反而会降低其进行知识共享的可能性。随后，Bock 等（2005）在另一项针对横跨 16 个行业 27 家公司的 154 个被调查者的研究中再次证实，期待的外部奖励对于知识共享态度具有负向预测作用（$\beta=-0.159$，$p<0.05$）。郭永辉（2008）在其研究中同样证实期待结果对于知识共享行为的正向预测作用。Weiss（1999）也提出小时计薪系统，特别是对一些如律师、咨询等专业工作，由于涉及人员对额外薪酬的渴望，会使这种工资支付系统对知识共享起到遏制作用。此外，也有部分研究证实，缺少激励因素会对知识共享行为产生负面影响。有关从激励方式维度出发探讨知识共享前因变量的研究汇总见表 2-10。

表 2-10 从激励方式维度出发探讨知识共享前因变量的研究汇总表

划分维度	前因变量	代表性研究
激励方式	互惠关系、助人愉悦感	Lin（2007）
	非货币性充分认知	Wolfe 和 Loraas（2008）
	内部激励因素、外部激励因素	金辉（2013）；Bock 和 Kim（2002）；Bock 等（2005）；Jeon 等（2011）；Gagné（2009）
	组织奖励	Wah 等（2007）；King & Marks（2008）
	期待的互惠关系	Bock 等（2005）；Chennamaneni（2006）
	职位晋升、福利、加薪	KanKanhalli 等（2005）
	赢得声誉	Safa 和 Solms（2016）
	强调绩效工资	Kim 和 Lee（2006）
	助人为乐	Chennamaneni（2006）
	期待结果	郭永辉（2008）
	小时计薪系统	Weiss（1999）

2.2.5 知识共享的测量

对于知识共享的测度，最典型的方法是由学者 Bock 和 Kim（2002）在其研究中所确定的。该量表重点是从知识共享行为、IT 使用水平、知识共享意愿、个人信仰、知识共享态度这五个维度进行分析。知识共享行为，侧重于分析共享哪些类型的知识；IT 使用水平，重点描画信息技术的使用水平（包括公告板、电子邮件等的使用水平）；知识共享意愿，核心是分析知识共享的内心意愿（包括与他人知识共享的范围和频度）；个人信仰，重点是从期望回报等方面表达对知识共享结果的期待；知识共享态度，重点表达对于知识共享的倾向程度。该量表在西方国家得到了广泛应用。知识贡献采用 6 个题项量表，知识收集采用 4 个题项量表。此外，Hult、Ketchen 和 Slater（2004）通过研究发现，在知识共享中，知识获取和知识分配构成了其中的主要内容，二者依然采用相对独立的量表测量。另外，Hoof（2004）研究确定知识共享可以分解为知识贡献和知识收集两个维度，对于这两个维度采用量表测量，总计通过共 7 个题项实现。

国内学者虽然对知识共享的测量开展相对较晚，但是也已经取得一些积极成果。以李涛和王兵（2003）的研究为例，他们提出将知识共享分解为知识传播、知识吸收这两个维度。学者李志宏、朱桃和罗芳（2010）通过研究确定组织气氛对知识共享行为的影响关系，其中，研究对知识共享采用 Davenport 与 Prusak（1998）确定的知识共享行为量表展开分析。学者何会涛等（2011）通过实证分析确定知识共享与离职之间存在动态关系，在其研究中，采用 Hoof 等（2004）确定的知识共享量表进行测度分析。

2.2.6　小结

知识共享在现代企业中发挥的作用愈发重要，学界对知识共享进行了大量研究。这些研究主要从个体因素、组织文化、组织管理、工作特征、社会关系、知识特征及使用、激励方式等多个维度，探讨不同因素对知识共享行为的影响效应。从中我们可以发现，有类似信任、自我效能、组织氛围、领导支持、工作特征、关系强调等对知识共享行为具有正向影响的因素；也有类似自私自利主义、支配型地位竞争、资质过高感、心理距离、等级型组织文化、消极绩效考核政治性、回避目标取向等对知识共享行为具有负向影响的因素；还有像学习导向氛围、互惠规范、组织支持感、领导类型等因素在不同研究中发生的效应并不完全相同；此外，更有像外部激励这种在不同研究中对知识共享行为分别呈现正向影响效应、负向影响效应及无显著影响效应的影响因素。

这些研究结果的出现，除与知识共享涉及面广、涉及人群多外，还与知识共享主体思想不断变化、知识管理模式发展日新月异有关，因此，对知识共享的研究仍是未来一段时间的重要课题。而知识共享自身作为共享者的一种主动行为，从其主观感受出发，进一步拓展个体感知层面下知识共享的前因变量及其中的作用机制显然很有必要，也为接下来的研究提供了基础。

2.3 主观规范的相关研究

主观规范（subjective norm）是指个体感知到的做出或者不做出某一行为的社会压力，最早是由 Fishbein 和 Ajzen（1975）在针对理性行为理论的研究中提出。该研究明确理性行为是由主观规范和行为态度共同决定的，而在决定过程中，主观规范和行为态度所发挥的作用权重是存在显著差别的。具体而言，主观规范是由规范性信念和参考服从倾向共同作用形成。由于每一个个体的参考人群或团体不一定唯一，且数量可能存在差别，因此，主观规范是由多项作用产生最终结果。在此基础上，Cialdini、Kallgren 和 Reno（1990，1991）对主观规范进行深入分析，将之前确定的主观规范分解为两类规范，第一类规范为指令性规范（injunctive norms），强调个体对他人赞成与否的感知，第二类规范为描述性规范（descriptive norms），强调个体对他人行为的感知。后续学者对此两类分解结果进行进一步研究，以 Conner 和 McMillan（1999），以及 Rivis 和 Sheeran（2003）为代表的研究成果表明，第二类规范与理性行为理论（theory of reasoned action）中的因素均显著不相关。在此基础上，于丹、董大海、刘瑞明和原永丹（2008）确定了目前对理性行为拓展研究的三类模式，第一种是基于自身进行拓展；第二种是基于适用性的拓展；第三种是基于模型的拓展。基于这三类不同拓展分析结果，本书认为从传统社会行为分析向网络行为分析，是主观规范乃至理性行为分析的方向，重点是在分析中加入新的直接变量或者间接变量进行分析可能会得到意想不到的结果。在这期间，学者们就主观规范在行为中的作用进行了实证研究。比较引人关注的是部分研究获得的结果与计划行为理论提出的框架模型有所矛盾，如 Tarkiainen 和 Sundqvist（2005）基于绿色消费展开的实证研究中明确主观规范对行为意向的直接影响并不显著。陆莹莹和赵旭（2009）针对绿色食品购买的实证研究也再次表明主观规范对行为意愿的影响并不显著。此类研究结果的出现可能与社会广泛"认可"的绿色食品在相当一部分消费者的购买行为中受到价格、产品种类、新鲜度等因素的影响，出现"叫好不叫卖"的现象有关，但不可否认的是，主观规范对于意愿乃至行为的影响效能仍然不能完全确定，这也有待后续研究继续就此类问题做进一步探讨。

2.4　知觉行为控制的相关研究

在现实社会中，行为控制的重要性是不言而喻的，一个人可以利用的资源和机会在一定程度上决定了行为实现的可能性。然而，在管理学中，相比实际控制，学者们更感兴趣的是对行为控制的感知，以及其对意图和行为的影响。在计划行为理论中，知觉行为控制发挥着重要的作用，这一概念的出现和应用实际上就是计划行为理论相比理性行为理论进一步发展的体现。

知觉行为控制来自 Ajzen（2005）的计划行为理论，是指个体对于自身所具备的能够完成某一特定行为能力的感知，其与 Rotter（1966）感知控制源的概念有很大不同。控制源是一种广义的期望值，可以在各种情况和行为形式下保持稳定，而知觉行为控制可以并且通常在各种情况和行为下都发生变化。知觉行为控制与自我效能概念较为相似（Ajzen，1991）。后者最早是由 Bandura（1977）提出，他指出自我效能（self-efficacy）是一种信念，是对自我能否完成指定工作或者指定任务的信念，关注的是个体为应对潜在情况而采取某项行动的判断。知觉行为控制主要由两方面组成，一方面是对于做出行为的自信程度，可表现为自我效能，另一方面是行为发生者对于自己是否对行为的发生具有决定权的感知。而知觉行为控制所发挥的作用多来自我效能所发挥的作用，即人们的行为受到其对自身执行能力信心的强烈影响（Ajzen，1991）。自我效能感信念会影响活动的选择、活动的准备、行动过程中付出的努力以及思维方式和情绪反应（Bandura，1982；1991）。计划行为理论则将自我效能信念和知觉行为控制的建构置于信念、态度、意愿和行为所组成的整体框架内。

根据计划行为理论，知觉行为控制和行为意愿在某些情况下均可直接预测行为。这是因为在维持意愿不变的情况下，由于知觉行为控制的作用，为使行为成功完成所付出的努力可能会增加。在这种努力的作用下，个体更有可能做出这种行为。此外，知觉行为控制在某些情境下可以代替实际控制的手段，这取决于感知的准确性。当个体对行为的信息获取相对较少，需求或可用资源发生变化，或者有新的陌生因素进入情境时，知觉行为控制可能难以取代实际控制，在这些条件下，知觉行为控制措施对行为预测的准确性不足。但是，当个体拥有充分的行为信息和所需资源时，知觉行为控制可以替代实际控制，并具有直接预测行为的可能性（Ajzen，1991）。

2.5 计划行为理论的相关研究

计划行为理论由 Icek Ajzen 在 1988 年和 1991 年的两份研究中提出。该理论的前身为理性行为理论，由 Fishbein 和 Ajzen 在 1975 年和 1980 年联合提出。计划行为理论正是在理性行为理论（Fishbein & Ajzen，1975）的基础上发展而来的，主要由三部分组成，依次为行为态度、主观规范和知觉行为控制。行为态度强调个体对行为的喜好与否，而且对喜欢或者厌恶都有不同程度的量化体现；主观规范强调的是个体做出行为时感受到的压力，该压力以社会压力为主；知觉行为控制强调的是个体感受到行为执行的难易程度。Ajzen（1991）也指出，行为成就共同取决于动机（意图）和能力（行为控制）的想法并非新事物，它构成对诸如人的感知和归因之类的各种问题进行理论化的基础。

在计划行为理论的应用发展过程中，部分学者对这一理论做了拓展。Conner、Norman 和 Bell（2002）的研究提出在计划行为理论架构中加入稳定性因素和感知因素两类因素，其中稳定性因素包括意图稳定性和行为稳定性；感知因素包括行为感知，对原始理论构架形成有效补充。Hagger 和 Chatzisarantis（2005）的研究提出增加时间因素，解决了计划行为理论的分析随着时间迁移稳定性减弱的问题。国内学者虽然在计划行为理论研究方面起步较晚，但仍有部分研究应用该理论进行分析并取得了一定成果。张文勤、石金涛和刘云（2010）的研究发现，依据计划行为理论，员工创新过程中目标取向对创新行为有正向作用，回避目标取向对创新行为有负向作用，其他因素对创新行为有关联性作用。孙锐、张文勤和陈许亚（2012）研究发现，员工在理性行为中的横向交换对创新起到中介作用，员工在理性行为中的工作堆积也对创新起到中介作用。与此同时，赵斌、栾虹、李新建和付庆凤（2013）研究发现，计划行为理论中的态度可以对创新发生起到中介作用，同时还确定了主观规范可以对创新行为发生起到中介作用。上述分析将计划行为理论研究与创新研究关联起来，实现对创新行为的结构性说明。从这些研究成果来看，计划行为理论目前已经发展成为一套较为严谨、完善的理论，对于揭示个体行为的发生原因、目的及影响因素具有一定的指导意义，特别是对员工创新、知识共享的解释具有一定实践基础。

计划行为理论认为影响态度、主观规范和知觉行为控制的主要因素为个体各种信念中在某一特性情境下凸显出来的行为信念、规范信念和控制值信念（Ajzen，1991）。不可否认的是，信念和感知具有某种特殊联系（Walsh，1988；Smith，2001），对于某一事物或者行为的感知往往会对个体的信念产生影响。在此基础上，本研究在分析人力资源归因对知识共享行的作用时引入了计划行为理论，尝试借此打开"黑箱"，揭开这一作用的发生机制。

第 3 章 人力资源归因量表的修订

3.1 已有人力资源归因量表介绍

以往有关人力资源归因的研究中，对于人力资源归因这一变量的测量主要使用的是 Nishii 等（2008）所开发的量表（Chen & Wang，2014；Voorde & Beijer，2015；Shantz et al.，2016）。在这份量表中，人力资源归因被分为水平两层结构和垂直两层结构。从水平两层结构来看，人力资源归因可以分为内部归因和外部归因；其中内部归因从垂直两层结构来看，可以分为承诺型人力资源归因和控制型人力资源归因。承诺型人力资源归因又分为提升服务质量和提升员工幸福感两项人力资源管理政策感知；控制型人力资源归因分为尽可能降低成本和最大化榨取员工价值两项人力资源管理政策感知。将这四项人力资源管理政策感知分别交叉对应五项人力资源管理实践，即招聘、培训、薪酬、福利和工作计划，最终形成一份由 20 个题项组成的人力资源归因量表，其中包括如"公司为员工提供培训是为了使员工感到被重视和尊重，提升其自身幸福感""公司做出雇佣决策（如受雇人员的数量和素质等）是为了尽可能降低成本""公司向员工支付工资是为了向客户提供优质服务"等题项。需要说明的是，Nishii 等在量表开发过程中，对人力资源管理实践进行甄选时，首先选中的是"招聘""培训""薪酬""福利""绩效"五项，但是在后续的访谈中，被调查者表示受限于其所从事职业为美国大型连锁超市普通员工,绩效对其影响甚微,反而类似"工作计划"这种更为简单的管理措施对其工作影响更为明显。因此,"绩效"被"工作计划"取代,形成最终量表。而此结构的确定为首次对人力资源归因分析进行明确量化,具有开创性意义。从宏观来看,人力资源归因可以分为外部人力资源归因和内部人力资源归因。从微观来看,内部人力资源归因又可分为控制型和承诺型人力资源归因,并分别从成本、利润、员工感受和企业发展等角度进行归因定位。

3.2 已有人力资源归因量表的局限性

现有人力资源归因量表虽然已经在多项实证研究中予以验证,但是在实际使用中,特别是在中国情景下,仍呈现出一定的局限性,主要表现为量表条目和内容尚不能完全确定,以及文化差异性对整个量表内容仍存在一定影响。

3.2.1 已有人力资源归因量表条目数量设置有待优化

从已有研究来看,现有人力资源归因量表的条目数量在实际应用中仍存在需要调整的地方,主要表现在以下两个方面:

一是已有量表条目数量过大。一般而言,在不明显牺牲量表信度的情况下,短量表要比长量表有更为优秀的表现,因为简短的量表可以减少被试的负担(DeVellis,2016),这不仅可以有效预防被试在填写大量题目后产生厌烦感和疲惫感导致结果失真,更能够有效提升填写效率。因此,在量表编制过程中,将每一维度的题项数量控制在 4 至 6 条会获得更佳的效果(Hinkin,2005)。在 Nishii 等(2008)开发的人力资源归因量表中,由 5 项人力资源管理感知(即"向客户提供优质服务"、"使员工感到被重视和尊重,提升其自身幸福感"、"尽可能降低成本"、"最大化榨取员工价值"和"满足工会要求")逐个交叉 5 项人力资源管理实践，即"公司为员工提供培训""公司做出雇佣决策""公司向员工提供福利""公司向员工支付工资"和"公司实行工作计划"，共有 25 个题项，最终形成一份由 25 个题项组成的量表。然而，用这些题目测量承诺型人力资源归因、控制型人力资源归因和外部人力资源归因 3 个维度似乎略显冗余，本书认为该量表存在简化的可能和必要。

二是原始量表某些题项在实际研究中代表性较差。通过梳理后续有关实证研究，可以发现部分学者根据实际情况对该量表题项进行了筛选和删减。Chen 和 Wang（2014）在一项人力资源归因对离职意愿和任务绩效影响的研究中，删减了人力资源归因量表中的部分条目，具体为：在有关人力资源管理目的感知的条目中剔除"满足工会要求"这一项，在人力资源管理实践的选择中剔除"招聘"，仅保留"培训"、"福利"、"薪酬"和"工作计划" 4 项，与 4 项人力资源管理感知一一对应，形成一套由 16 个题项组成的人力资源归因量表。Shantz 等人（2016）在验证人力资源归因对情感耗竭影响的研究中，根据其样本公司在运行过程中更加注重成本控制的特性，剔除所有有关员工剥削方面的人力资源管理感知，并对承诺型人力资源归因的条目做适当调整，最终形成一套由 10 个题项组成的人力资源归因问卷。Voorde 和 Beijer（2015）在研究中，在人力资源归因量表中的人力资源管理政策感知部分仅保留"提升员工幸福感"和"最大化榨取员工价值"，从而将量表的总题项数缩减为 10 题。Han（2016）则在研究中采取了类似的方式，将人力资源归因区分为幸福型人力资源归因和剥削型人力资源归因两个方面。

3.2.2 已有人力资源归因量表内容并不稳定

Nishii 等在该问卷最初的开发过程中，根据调查对象所在公司的工作特性，将人力资源管理实践中的"绩效"替换为"工作计划"（Nishii，2008）。此外，Shantz 等人（2016）在其研究中，对样本公司人力资源经理进行访谈时，得知该公司员工绩效表现的重要程度要优于提供有"质量"的服务，因此根据建议，用"最大化员工绩效"代替"向客户提供优质服务"，形成绩效型人力资源归因。同时，在人力资源管理实践中，将"薪酬"和"福利"2项合并为"奖励"，并增添"员工参与"一项，以形成最终的人力资源归因量表。Tandung（2016）在研究中同样对Nishii等所开发的量表做了适当调整，主要表现为在Kroon、Voorde和Veldhoven（2009）的研究基础上，选择"招聘选择""员工发展和职业机会""奖励""绩效评估"以及"参与和沟通"5项作为量表中人力资源实践的内容。

由此可见，Nishii所开发的量表在后续应用中被其他学者反复修订，整体内容结构并不稳定，特别是在针对不同公司使用时，会表现出较大差别。

3.2.3　国情差异对已有人力资源归因量表存在影响

Nishii等（2008）提出的人力资源归因量表从使用情况来看，对西方发达国家的实证分析具有显著的效果，但是在中国情境下的适用性如何有待进一步验证，主要有以下三个方面：

首先，西方国家的文化体系与东方国家的文化体系存在显著差异。西方国家较中国文明存在时间普遍更短，盛行以基督教、天主教为主的教义文化。而中国历史悠久，受儒家传统文化熏陶，传承有明确的有所为、有所不为的理念。由于文化价值观在组织管理中起着关键作用，儒家文化可能对中国人力资源管理实践的理解产生一定的影响，进而影响中国的人力资源管理制度归因（Hartnell et al., 2019；Wang et al., 2005）。例如，儒家思想深刻地影响了中国的人力资源实践，当员工认为他们工作的公司致力于仁慈、正义、礼仪、智慧和忠诚五种君子美德时，他们会感到鼓舞，并倾向于在工作中实践这些美德（Snell、Wu & Lei, 2022）。另一方面，正如儒家价值观所暗示的，中国经理在人力资源管理系统中通常被视为下属的"长辈",在五伦(五大关系)中嵌入的主管和被监督者之间的互惠关系中,下属应该向经理展示他们的期望,而经理则被期望提高下属的各项待遇(Mak et al.,2014)。此外,与专注于强调目标实现和个人问责制的管理哲学的西方文化不同,主管及其下属往往更关心团队努力,而不是对工作承担个人责任。他们在工作中会更多地灌输中国传统价值观,例如,试图在工作环境中保持和谐氛围,在这种情形下,即使是针对一些简单的任务,下属也有可能会向主管进行请示(Wang et al.,2005年)。正是由于中国员工在儒家文化的影响下具有较强的服从性、纪律性和集体荣誉感,本研究认为中西文化在人力资源管理观念上可能存在一些差异,并提出中国的人力资源归因内涵也可能与西方国家有所不同。

其次,中国的经济发展水平与西方国家相比还存一定差距。虽然经过近几十年的追赶,中国经济发展水平与之前相比取得显著提升,但是与同期西方国家相比依然存在不小差距,这一点可以从对比国家同年人均 GDP 数值得到体现。由于经济发展水平的差异,中国员工(主要是工作人群和潜在就业人群)对工作的珍惜乃至对工作的拼搏精神表现尤为明显,这也就导致对于人力资源相关的归因分析,中国与西方国家的分析结果必然是存在差异的。

最后,中国人力资源状况与西方国家相比存在显著的区别。对比东西方国家的人口密度可以明显看出,我国的城市人口密度高于西方国家的城市人口密度,劳动力的就业压力与生存压力也高于西方国家,这也会使中国员工对人力资源政策的感知与西方员工相比存在偏差。

综合来看,原有人力资源归因量表由于题项数量庞杂,内容在实际使用中仍需要根据实际情况进行调整(Hewett et al.,2018),特别是在与西方传统文化有较大区别的中国情境下,对原有人力资源归因量表进行修订和检验,开发出一套适用于中国情境的量表,对本研究后续的实证分析部分显然是十分必要的。

3.3 人力资源归因类量表的正式修订

本研究量表修订部分以心理测量理论（Hinkin，2005）为理论基础，在原有人力资源归因量表的基础上，严格参照 Nishii 等（2008）和翁清雄等（2018）在有关研究中使用的量表开发编制方法对量表进行修订。量表修订工作主要分为以下步骤：首先，邀请相关专家、学者以个别访谈和小组访谈的形式收集原始资料；其次，对所收集的资料进行整理和分类处理，形成第一阶段量表；再次，对目标样本进行小范围访谈，根据访谈内容对第一阶段量表进行修改，形成第二阶段量表；最后，使用第二阶段量表对目标样本进行信度、效度检验，根据检验结果对量表进行调整，最终形成正式的人力资源归因量表。

3.3.1 翻译原始量表

在梳理国内以往有关人力资源归因实证研究的文献时，并未找到一套经过检验的、可靠度较高的中文版人力资源归因量表。为确保量表修订工作的严谨性，在开始正式的量表原始资料收集前，研究将通过量表翻译使用最为广泛的方法——回译法来确定量表的中文版译文（董丹萍，2016）。操作方式为先请一名翻译人员将源语言量表翻译成目标语言量表，再请另一名翻译人员将翻译好的量表再次回译成源语言量表，并将此份量表与原量表进行比对，进而对目标语言量表内容进行调整，完成后即得到目标语言量表（Kamrani & Ali，2011）。

分别邀请两位母语为汉语，在美国纽约大学取得英、汉语双语教学硕士学位，并在当地有拥有多年语言教学经验的教师作为量表的翻译和回译人员，由其中一位教师对原始英文版人力资源归因量表进行中文翻译，译文力求简洁、通俗易懂（DeVellis，2016），另一位教师将汉化后的量表回译成英文量表，英文内容尽量贴切中文版本。通过对比原始版本和回译版本英文量表，发现仅有一处存在明显歧义，即在"成本控制"这项人力资源管理感知方面存在偏差，原文部分为"to try to keep costs down"，回译版本部分为"to reduce costs"。经过与两位翻译人员讨论，达成一致意见，造成两个英文版本内容有偏差的原因为对此部分的中文翻译"是为了减少成本"与原文稍有出入，因此将中文翻译改为"是为了尽可能降低成本"，进一步加强语气表现程度，更加贴切原文语意。翻译工作完成后的原始量表中，5 项人力资源管理实践分别被译为：您所在公司为员工"提供培训"、"做出雇佣决策（如受雇人员的数量和素质等）"、"向员工提供福利（健康计划、退休计划等）"、"向员工支付工资"和"向员工安排工作计划（工作时间、工作弹性、离职政策）"；5 项人力资源管理感知分别被译为："向客户提供优质服务"、"使员工感到被重视和尊重，提升其自身幸福感"、"尽可能降低成本"、"最大化榨取员工价值"和"满足工会合同的要求"。

3.3.2 量表修订原始资料的收集

本书在 Nishii 等（2008）所开发的量表基础上进行量表修正。首先，对 21 名包括高校教师、科研院所研究人员、企业人力资源管理人员以及一线从业者在内的人员进行个人访谈和小组访谈。为防止原始量表题项对被访谈者造成干扰，访谈提纲被分为前、后两部分，第一部分为传统头脑风暴式提问，即请被访谈对象回答"你认为公司实行人力资源管理政策有哪些原因"，回答要尽可能翔实、全面，并将被访谈对象所能想到的一切答案逐一进行罗列。第一部分访谈完毕后进行第二部分访谈，该部分内容主要是请被访谈者考量原始量表中的题项，寻找是否有修改或删除的需要，方式为向被访谈者介绍已有人力资源归因量表中的各题项，请他们依据自身经历回答如下问题：是否认为：（1）向客户提供优质服务；（2）使员工感到被重视和尊重，提升其自身幸福感；(3) 尽可能降低成本；(4) 最大化榨取员工价值；(5) 满足工会要求这5项感知能够成为公司施行招聘、培训、薪酬、福利和工作计划这5项人力资源管理政策的目的或者初衷。

3.3.3 量表修订原始资料的汇总和筛选

访谈全部结束后，开始对访谈结果进行汇总和筛选，与访谈提纲的顺序相反，先汇总被访谈者对原始量表的回答。

通过分析，发现21位被访谈者中，有19人认为："(1) 向客户提供优质服务；(2) 使员工感到被重视和尊重，提升其自身幸福感；(3) 尽可能降低成本；(4) 最大化榨取员工价值"，都可归为公司实施人力资源管理政策的目的。其余2人认为上述4项中有3项能成为公司实施人力资源管理政策的目的。而只有2人认为"(5) 满足工会合同要求"是公司实施人力资源管理政策的目的。通过对这一问题的分析发现，根据中国现有国情，受制于工作机制等因素影响，工会在实践中发挥的作用较为有限，很多功能还有待挖掘和完善，对于员工的代表作用还有待加强（Chen & Wang, 2014），工会在现阶段很难对包括人力资源管理在内的多项公司制度产生决定性影响（任怀玉，2017）。因此，本书的研究剔除感知（5），并保留感知（1）至（4）。同时，有大部分专家认为原始量表中人力资源管理实践"工作计划"在中国大部分岗位中更多的是作为规章制度的一部分，在员工新入职时学习了解后，很难在后续工作中被再次提及，更不用说对员工的人力资源管理感知产生影响，建议删除。

此外，大部分被访谈者都对量表中的3个题项提出疑问，建议删除。第一个题项为"您所在公司做出雇佣决策（如受雇人员的数量和素质等）是为了使员工感到被重视和尊重，提升其自身幸福感"，被访谈专家普遍认为公司制定招聘政策是基于提升公司实力、控制人力成本和为未来发展储备人才等目的，与尊重员工、提升其幸福感并不相关。

第二、三个题项分别是"您所在公司向员工提供福利（健康计划、退休计划等）是为了尽可能降低成本"和"您所在公司向员工支付工资是为了尽可能降低成本"，被访谈专家认为公司向员工发放工资、提供各项福利的目的更多的是提升员工的幸福感和对公司的归属感，以更好的心情和动力为公司和客户提供更优质的服务，与成本控制并不相关，甚至是相抵触的。因此，根据被访谈专家意见，对原始量表中上述 3 个题项予以剔除。

3.3.4 量表题项的拓展

接下来，汇总并整理被访谈专家对访谈提纲中开放性问题的回答，即公司实行人力资源管理政策的目的有哪些。21 名被访谈者提出 33 种影响公司实施人力资源管理政策的原因。鉴于访谈过程中该项提问先于对原始量表题项看法的提问，因此其中有相当一部分与原始量表中的内容重合，对该部分内容予以剔除。随后请 3 位来自管理学、心理学和经济学领域的研究员及副研究员归类、合并剩余部分中意思相近的内容，并将结果输入计算机，形成除原始量表有关内容外其他可能影响公司实行人力资源管理政策的原因及在访谈结果中出现的频次，结果显示，出现频次最高的为"对外树立公司良好形象"，同时在访谈过程中，各位专家普遍认为树立形象在公司开展培训和提供福利两项人力资源管理实践中体现最为明显，而在招聘和薪酬两项中作用并不明显。

"形象"这一概念的应用十分广泛，通常被认为是核心的、独特的、持久的企业特征的体现，可以分为内部形象和外部形象（Gioia、Schultz & Corley，2000），其中，内部形象的英文名称更多使用"identity"一词，是企业内员工对于企业自身的一种看法，更加关注自我反馈，如"我们认为我们是谁"和"我们认为我们该怎样做"；外部形象的英文更多使用"image"一词，是企业内员工关于企业外部对企业持有何种看法的一种理解（Dutton、Dukerich & Harquail，1994），更加关注他人反馈，如"他们认为我们是谁"和"他们认为我们该怎样做"。根据以往的研究，企业形象的建立能够通过积极的人力资源实践实现（方承武、宋随，2014）。与有关专家的进一步探讨，本研究所指企业形象包含两个方面，一个是企业通过培训所打造的有利于企业生产能力提升的生产实力形象，另一个是企业通过福利所展现出来的有利于员工幸福感提升的员工关爱形象，这两个方面的形象全部是针对外部客户的理解，即便是员工关爱形象，强调的也是外部客户对此的看法，因此都为外部形象。

从企业外部客户认知的角度来看，良好的人力资源管理实践能使企业内部形成良好的氛围，这有助于员工满意度的提升（Zhou et al.，2008），而高满意度会激发员工对工作的投入程度，进而提高生产力（Singh，2000），提升消费者企业生产力联想（童泽林，黄静，张欣瑞，朱丽娅，周南，2015）。而企业道德作为企业形象的重要载体，很可能会对消费者产生积极影响（Eichhol，1999），根据道德营销理论，企业家的道德行为能够促使消费者提升对企业的正面感知或联想，从而产生积极消费行为（Luo & Bhattacharya，2006；Brown & Dacin，1997）。这种道德行为无疑与建立良好的企业形象息息相关，是其建立基础，而企业存在道德层面的负面影响也将对其形象产生消极作用（许辉、张娜、冯永春，2019）。企业道德被分为企业公德和企业私德（童泽林等，2015），企业道德对象为与企业经营有直接关联的利益相关者群体，包括对于员工的道德行为，而企业私德也被证实对消费者购买意愿有显著影响。本研究所涉及企业形象，无论从提升生产实力形象还是从员工关爱形象看，都属于企业私德的范畴。

由此可见，向外界展示公司的良好形象对企业发展具有不可替代的战略作用，而人力资源管理实践作为落实公司战略决策的重要途径，与企业形象建设无疑有着紧密联系。特别是企业对员工进行培训，可以将企业重要战略思想输出至企业员工，形成员工认同的独特企业文化，符合潮流的、高质量的培训也是企业对外展示实力的平台。此外，为员工提供丰厚的福利待遇更可以向外部客户展现公司的人文关怀，实现社会责任的愿景，以获得更多的外部认可。因此，企业无论是开展培训活动，或者是为员工制定福利政策，都有可能是出自提升外部形象的目的。鉴于此，综合理论基础及调查访谈的结果，本研究认为，有必要将对外树立企业形象这一人力资源管理感知纳入量表，并增加如下两个题项：（1）公司为员工提供培训是为了对外树立公司良好形象；（2）您所在公司向员工提供福利（如养老金、带薪假期、补充医疗保险、体检、年节福利等）是为了对外树立公司良好形象。

3.3.5 量表内容表述的完善

由于现阶段修正后的量表中的题目大多采集自具有一定科研背景的专家，为使量表内容能够更易在中国情境下被准确理解，在开始预调查之前，还需请具有相关工作经历的专家对量表的表述做进一步评价（Devllis，2016）。这里邀请了两位在国内金融公司从事人力资源管理工作的专家评价现阶段修订后的量表，指出其中哪些内容不符合公司人力资源管理工作实际情况，并请其提出修改意见。两位专家共同指出，在公司提供福利这项人力资源管理实践中，原始量表所列举的范例"健康计划"和"退休计划"在国内企业中，特别是对于非高层管理层人员实施得非常少，而且对于大部分一线员工而言，很可能并不了解这两项计划的含义。经过与两位专家讨论并汇总其建议，将量表表述中对于福利一项列举的范例由"健康计划"和"退休计划"修改为"养老金"、"带薪假期"、"补充医疗保险"、"体检"和"年节福利"，修改后的范例更加全面，更符合实际情况，也更容易被理解。

至此，用于预测试初步人力资源归因量表编制完毕，选项采用李克特五点式积分法，被试需要根据自身的理解和认知评价对每一题项的认可程度，分数依次由低到高，"1"为非常同意，"5"为非常不同意。

3.3.6 样本介绍

本研究在本章量表修订和第5章实证研究部分所使用的样本来自国内某知名大型央企下属金融机构，该公司成立于2006年，总部位于北京金融街，在北京、上海、黑龙江、陕西、四川、新疆等地均设有分支机构，现有职工三千余人，注册资金约102亿元，2017年至2019年营业收入持续提升，分别达到540 134万元、670 983万元和712 431万元。经过近十多年的发展，该公司产融结合特色初具规模，综合实力持续增强，从一家小型区域性公司逐步发展成为跨区经营、具有一定国际影响力的特色机构，是我国近年来行业内成长最快的机构之一。

本研究选取该公司作为研究样本主要出于以下几方面考虑：

一是该单位为某知名大型央企下属机构，自身具备一套成熟稳定的人力资源管理制度，有助于员工对这套制度在主观上实现充分理解。

二是根据该公司的性质，所属行业竞争激烈，知识技能更新迭代速度较快，知识管理工作在公司内占据重要地位，适合做知识共享有关内容的分析。

三是该公司员工数量众多，且人员配置相对稳定，人员流动率相对较低，使得先后分多次采集大量样本，分别用于量表修订和实证研究成为可能，同时人员的稳定性也便于多次发放问卷并进行数据配对。

四是该公司在国内多个城市拥有分公司，在地域上跨度较大，使得样本在跨地域维度上具有较高的代表性。

最后有两点需要说明。首先，虽然本研究仅从一家公司采集样本，但这恰恰与人力资源归因概念的初衷相吻合，即人们对于真实事件的感知是不同的（Fiske & Taylor, 1991; Ichheiser, 1949），不同员工对于公司实行的同一套人力资源管理实践动机会产生不同的感知

(Nishii et al.，2008），样本来自同一家公司正可以体现这些被调查人员对于同一套人力资源管理政策目的的理解，特别是针对这种快速发展的行业，持续变换的情景会使员工承受更多的不确定性，对人力资源政策体现出更多不同的理解和反应（Chen & Wang，2014），进而实现对人力资源归因理论的进一步验证。其次，为确保公司政策及企业文化对研究结果没有强制性干扰，本研究在发放正式问卷前分别通过当面、电话或者微信访谈的方式与该公司的高层领导、人力资源管理部门负责人和基层员工取得联系，询问该公司是否有类似强制或者明确奖励员工与其他员工共享知识的行为，被访谈者均表示公司没有类似的规定或政策。

正是基于上述原因，本研究认为选取该公司作为量表修订及后续实证分析的研究样本采集单位是合适的。

3.3.7 第一轮预试

本研究向样本公司的部门经理和员工就量表涵盖内容和表述方式征求反馈意见，具体为请对方指出量表中无法理解或者与工作无直接相关性的题项，以及是否认为还有其他值得纳入量表的有关人力资源归因的题项。得到的反馈主要有两点。首先，针对整个量表，他们认为能够理解里面的全部题项，并且没有其他需要补充到量表的内容。其次，他们提出在实际工作场景中，对"控制成本"这一项感知并不强烈。究其原因，该机构在行业内起步较晚，目前正处于上升追赶阶段，为在与其他老牌机构的竞争中取得优势地位，往往采取加大投入、不惜成本的策略，通过最大限度提升客户体验来实现快速抢占市场的目的，而且相较于更擅长精打细算的私有制企业，成本控制对于资金充足的国有企业确实不是关注重点。鉴于上述两点反馈内容，本研究在问卷中删除有关"为了尽可能降低成本"的题项，形成最终用于第二轮预测的量表，共有13个题项。

3.3.8 第二轮预试

第二轮预试通过问卷星网络工具方式发放问卷，共回收有效问卷 480 份。将样本打乱顺序后分成两部分，每部分问卷各 240 份。根据独立样本 T 检验，结果显示这两部分样本在性别、年龄、学历和工作年限上并无显著差别（见表 3-1）。

表 3-1　两部分样本差异性检验

项目	数据分组	均值	标准差	均值的标准误差
性别	第一部分	1.63	0.483	0.031
	第二部分	1.62	0.487	0.031
年龄	第一部分	2.91	0.887	0.057
	第二部分	2.86	0.874	0.056
学历	第一部分	4.01	0.434	0.028
	第二部分	4.01	0.439	0.028
工作年限	第一部分	3.31	1.401	0.090
	第二部分	3.28	1.382	0.089

3.3.8.1 *项目分析*

项目分析主要用于分析各题项的鉴别度，具体操作方法为将第一部分 240 个样本中每个样本的所有题项得分进行加总得出检验分数，根据检验分数的高低，依次将样本进行排序，并将排序为前 27% 的样本（本研究中为前 65 份样本）设置为 A 组，将排序为后 27% 的样本（本研究为后 65 份样本）设置为 B 组，然后针对 A、B 两组在每个题项上的得分平均分进行显著性检验，如果达到显著性水平（$P<0.05$），则表示该题项具有较强的鉴别力，有必要予以保留；与此相反，如果未达到显著性水平（$P>0.05$），则表示该题项鉴别力较低，无保留价值，需将其剔除（翁清雄等，2018；Babbie，2004）。经检验，共有 8 个题项在项目分析中达到显著水平，说明该部分题项具有较好的鉴别力，予以保留,并删除另外未能达到显著水平的 5 个题项(见表 3-2)。

表 3-2　人力资源归因量表项目分析结果

题号	代码	F 值
1	TGS	0.001
2	TPH	0.623
3	TMV	50.604***
4	TGI	4.554*
5	HGS	1.380
6	HMV	45.978***
7	BGS	22.440***
8	BGI	0.665
9	BMV	46.329***
10	BPH	19.566***
11	WGS	24.335***
12	WPH	0.014
13	WMV	67.967***

3.3.8.2　探索性因子分析

在完成项目分析后,共留下 8 个题项(见表 3-3)。先用第一部分样本针对这 8 个题项做 Bartlett 球形检验,以检测这些题项是否适合做因子分析。检测结果显示,KMO 值为 0.78,检验值为 881.85,P 值接近 0.001(小于 0.05),表明数据呈球状分布,各题项间存在可能的共享因素,具有结构效度,适合进行因子分析。

表 3-3　用于探索性因子分析题项

序号	题项	代码
1	您所在公司为员工提供培训是为了对外树立公司良好形象	TGI
2	您所在公司向员工提供福利(如养老金、带薪假期、补充医疗保险、体检、年节福利等)是为了向客户提供优质服务	BGS

续表

序号	题项	代码
3	您所在公司向员工提供福利（如养老金、带薪假期、补充医疗保险、体检、年节福利等）是为了使员工感到被重视和尊重，提升其自身幸福感	BPH
4	您所在公司向员工支付工资是为了向客户提供优质服务	WGS
5	您所在公司为员工提供培训是为了最大化榨取员工价值	TMV
6	您所在公司做出雇佣决策（如受雇人员的数量和素质等）是为了最大化榨取员工价值	HMV
7	您所在公司向员工提供福利（如养老金、带薪假期、补充医疗保险、体检、年节福利等）是为了最大化榨取员工价值	BMV
8	您所在公司向员工支付工资是为了最大化榨取员工价值	WMV

使用 SPSS 20.0 分析软件对上述题项进行探索性因子分析，经主成分分析，提取特征值大于 1 的因子（见表 3-4），然后对因素分析结果进行最大正交旋转，提取出 2 个公因子（见表 3-5）。在以往问卷题项进行探索性因子分析时，各题项的负荷是决定该题项是否能够保留的重要因素之一，对于负荷的临界点也有不同标准，有些研究以 0.35 为依据（Lederer & Sethi, 1991），但是以 0.40 为依据删减题项的做法更为普遍（Hinkin, 2005；翁清雄等, 2018），即对于因素负荷小于 0.40 的题项，以及在跨两个以上维度上因素负荷都大于 0.40 的题项，都应予以剔除。分析结果显示，各题项在所属因子内因素负荷均在 0.738 至 0.871 之间，均高于 0.40，且不存在单一题项在 2 个因子中因素负荷均高于 0.40 的情况，2 个因子的累计方差贡献率达 69.974%，结果比较理想。

表 3-4 解释的总方差

成分	初始特征值			提取平方和载入			旋转平方和载入		
	合计	方差的%	累计%	合计	方差的%	累计%	合计	方差的%	累计%
1	3.174	39.670	39.670	3.174	39.670	39.670	2.972	37.152	37.152

续表

成分	初始特征值			提取平方和载入			旋转平方和载入		
	合计	方差的%	累计%	合计	方差的%	累计%	合计	方差的%	累计%
2	2.422	30.276	69.947	2.422	30.276	69.947	2.624	32.795	69.974
3	0.642	8.021	77.968						
4	0.481	6.009	83.977						
5	0.387	4.833	88.810						
6	0.351	4.387	93.197						
7	0.296	3.698	96.895						
8	0.248	3.105	100.000						

表 3-5 旋转成分矩阵

题项	成分	
	1	2
TMV	0.871	−0.125
HMV	0.868	−0.049
WMV	0.851	−0.079
BMV	0.849	0.041
WGS	−0.011	0.829
BPH	−0.016	0.829
BGS	−0.080	0.824
TGI	−0.081	0.738

根据探索性因子分析时的结果，量表保留题项较原始量表有大幅缩减，但量表仍保持原有结构，除新增题项，缩减后题项所属因子与原始量表所属因子情况相同，且新增题项"树立外部良好形象"作为员工对于组织人力资源管理动机的理解，不论从使客户产生高质量服务水平联想（童泽林等，2015），还是满足员工自豪感和满足感，促进其在工作中有更加正向的表现，所体现的积极意义均与原量表中承诺型人力资源归因相吻合。因此，修订后量表与原始量表维度结构一致，即分为承

诺型和控制型人力资源归因，其中承诺型人力资源归因主要体现员工对公司实行人力资源管理政策的目的趋向，从而为客户提供更有质量的服务，使员工感到被重视和尊重，并提升其自身幸福感，以及对外树立更为健康、良好形象的感知程度，由以下4个题项组成："公司为员工提供培训是为了对外树立公司良好形象""您所在公司向员工提供福利（如养老金、带薪假期、补充医疗保险、体检、年节福利等）是为了向客户提供优质服务""您所在公司向员工提供福利（如养老金、带薪假期、补充医疗保险、体检、年节福利等）是为了使员工感到被重视和尊重，提升其自身幸福感""您所在公司向员工支付工资是为了向客户提供优质服务"；控制型人力资源归因主要体现员工对公司实行人力资源管理政策的目的趋向压榨员工，最大程度利用员工价值的感知程度，由以下4个题项组成："公司为员工提供培训是为了最大化榨取员工价值""您所在公司做出雇佣决策（如受雇人员的数量和素质等）是为了最大化榨取员工价值""您所在公司向员工提供福利（如养老金、带薪假期、补充医疗保险、体检、年节福利等）是为了最大化榨取员工价值""您所在公司向员工支付工资是为了最大化榨取员工价值"。

3.3.8.3 验证性因子分析

在研究者进行探索性因子分析并获得理想结构后，此时量表的各因素与题项均已固定，研究者所要探究的是量表的因素结构模型是否与实际搜索的数据契合，指标变量是否以所谓有效因素构念，此种因素分析的程序称为验证性因子分析。探索性因子分析对于决定因子的个数可以给出推断，但是其将某个变量强制纳入某一因子的方式并没有确定的依据，这是因为探索性因子分析更多的是强调理论构架的搭建，而非对于这一构建进行检验。而验证性因子分析与此正相反，正如其名称一样，该步骤会进行严谨的理论推导，在实证研究的基础上，对于研究者事先确定的一个理论架构进行检验，这个架构中就包含各个因子中所涉及的各个变量,而且涉及更多的理论检验程序。因此,为检验修正后量表结构的实际拟合程度,本研究采用第二部分240人样本进行验证性因子分析。使用的分析软件为AMOS 20.0版本,分析结果显示,模型的整体拟合度较好(见表3-6),其中,绝对拟合指数χ^2/df为2.486,介于1至3之间,近似误差均方根$RMSEA$为0.079,GFI为0.955,表明模型的简约性较好,相对拟合指数CFI为0.967,NFI、TLI均大于0.9,达到理想水平,由此可见,模型结构合理,整体拟合度较好(Browne & Cudeck,1992;Byrne,2013;吴明隆,2010)。

表3-6 结构方程模型拟合优度

拟合指数	χ^2/df	$RMSEA$	GFI	$AGFI$	NFI	IFI	TLI	CFI
系数	2.486	0.079	0.955	0.915	0.946	0.967	0.951	0.967

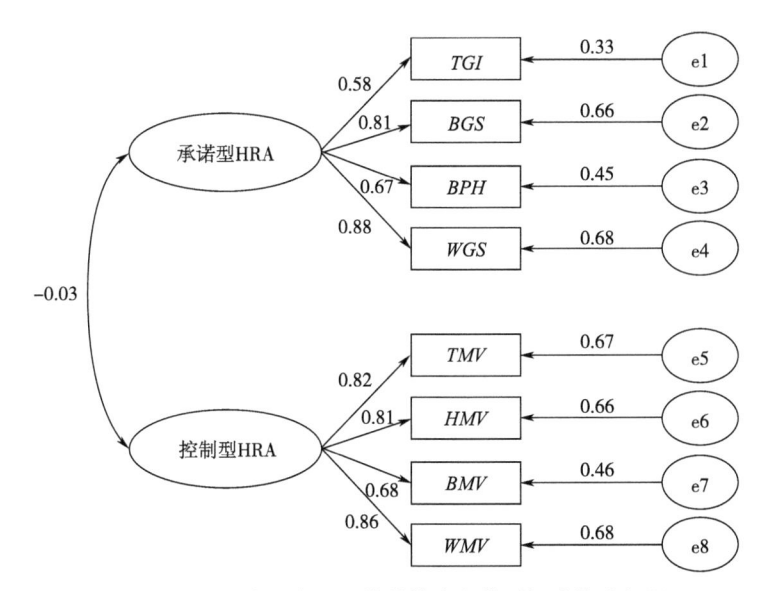

图3-1 人力资源归因二维结构方程模型标准化路径图

图3-1显示了验证性因子分析中各观测变量在对应潜变量中的载荷,结果显示,各变量载荷均在0.5至1之间,T检验结果均显示通过,在$P<0.001$的水平上显著,各个项目的误差也都小于0.70,表明

本研究的各变量具有充分的收敛效度（翁清雄、席酉民，2011）。

3.3.8.4 信度分析

为检验量表中各题项所属构面都具有高度一致性，本研究继续进行 Cronbach's α 信度分析。对人力资源归因两个维度所属题项进行信度分析，根据已有经验，当 Cronbach's α 系数取值大于 0.60 时才符合要求。此外，也需关注项已删除的 Cronbach's α 值，即如果删除该题项后 Cronbach's α 值有所提升，也需对该题项予以删除（Nunnally，1978）。对这两个维度一一进行分析，结果显示，两个维度的内部一致性均大于 0.8，且不存在删除后 Cronbach's α 值会有提升的题项，表明量表的信度较好。两个维度中，承诺型人力资源归因和控制型人力资源归因的 Cronbach's α 值分别为 0.806 和 0.836（见表3-7）。

表3-7 人力资源归因量表信度分析

	承诺型 HRA		控制型 HRA	
Cronbach's α 系数	0.806		0.836	
项已删除的 Cronbach's α 系数	TGI	0.798	TMV	0.791
	BGS	0.739	HMV	0.787
	BPH	0.765	BMV	0.829
	WGS	0.722	WMV	0.760

3.3.9 修订后的人力资源归因量表

至此，人力资源归因量表的修订工作全部完成，修订后量表见本书附录。量表在本土化的基础上，不仅引入了更符合我国情境的题项，也实现了题目的大幅缩减。与原始量表的题项相比，每个维度由之前的10题缩减为4题，符合量表编制时题项数量控制在4至6题为最佳的建议（Hinkin，2005），表明量表在题项的数量上相较原始量表更为合理。同时，根据上述研究结果，量表在题目的信度和效度上也具有较为理想的结果。

第4章 理论基础与研究假设

4.1 理论基础

计划行为理论模型主要由态度、主观规范、知觉行为控制、行为意向和行为5部分组成，它们在其中各自发挥着不同的作用。态度具体是指个人对其行为所抱持的感觉。感觉既包括正面感觉，也包括负面感觉，当然也包括中性感觉。由于感觉为主观性的感受，因此对于同一问题、同一现象，不同人出现的感觉可能存在显著差异。主观规范是指个人感受到的社会压力，该压力不是凭空产生，而是个体在决定是否采取某类特殊行为时感受到的社会压力。一般而言，行为的强度越大，感受到的社会压力就越大；反之则越小。知觉行为控制是指个体认为自己能够完成某项事物的自信程度，主要受控制信念和知觉强度的影响，其由两个子维度构成，即感知控制和自我效能（Ajzen，1991；Trafimow et al.，2002），其中感知控制主要是指个体对于事物的主观控制感，体现为外部控制信念，而自我效能主要是指个体在特定情境下对实施某项具体行为的自信程度，是一种对自我能力的主观评价，体现为内部控制信念。行为意向是指个体采取行为的意愿。行为是指个体做出的具体动作，是整个理论框架中由个体感知转化为动作的最后一环。

该理论的重要贡献在于纳入知觉行为控制这一要素，并以此对理性行为理论形成有效补充。知识作为个体所拥有的独特技能，不同个体对于自身知识的了解程度、运用程度，以及自身对外共享知识所需要的表达能力、沟通能力、逻辑能力等都有很大的不确定性，不能保证所有个体都能够自信按照自己的意愿共享知识，因此，在理性行为理论之上引入计划行为理论解释知识共享各变量之间的关系是更为合适的。

根据计划行为理论，个体态度、主观规范和知觉行为控制的认知和情绪基础是个体所拥有的众多信念中在特定时间和特定情境下表现出来的凸显信念。其中，行为信念，即对行为可能结果的信念，能够影响个体的态度；规范信念，即对他者规范期待的信念，能够影响个体的主观规范，使其产生对周围环境压力的感知；控制信念，即对可能促进或阻碍行为表现的因素存在的信念，能够影响个体的知觉行为控制（Ajzen,1991）。归因理论认为个体会对某一事件的发生进行归因，并会对其后续行为产生影响（Weiner, 2008），基于感知和信念的紧密联系（Walsh, 1988; Smith, 2001），人力资源归因作为个体对组织人力资源实践管理动机的感知，无论个体对其归因为承诺型还是控制型，都会在个体做出归因的这一刻和这一环境下，促使个体所拥有的众多信念中某些与这些感知相关联的信念凸显出来，而这些凸显信念中的行为信念、规范信念和控制信念可以分别作为个体态度、主观规范和知觉行为控制的认知和情绪基础，即在信念的作用下，个体对人力资源实践管理动机的归因直接对个体的态度、主观规范和知觉行为控制产生影响。正因为如此，本研究使用计划行为理论作为研究主体框架，探讨人力资源归因对知识共享行为的影响。

4.2 研究假设

知识共享对组织的作用不言而喻，然而由于个体"自私"的本性，知识共享面临着知识价值降低、使用寿命缩短的风险。当个体将自己辛苦获取的高价值知识在组织内共享，组织内成员获取知识后，虽然组织整体知识价值获得提升，但个体知识价值则被稀释。组织内成员掌握共享的知识后，势必会促进知识的迭代发展，降低知识的使用寿命。以上两点成为个体进行知识共享的拦路虎，严重降低共享意愿，因此，学界从理论和实证角度分别对知识共享行为展开大量研究，试图寻找促进知识共享行为的影响因素。然而，知识共享作为组织内个体之间、个体与组织、组织之间的主动性的知识传播和交换行为，对其产生影响的前因变量也必然源自多维度、立体式层面，而现有研究在解释知识共享发生机制方面仍然不够全面，可做进一步探索，以丰富知识共享理论体系。

在此前提下，本研究引入人力资源归因，研究人力资源归因对于知识共享的影响及其作用机制。人力资源归因由归因理论在人力资源管理实践领域发展而来，认为员工会通过对组织人力资源管理实践动机的个体感知做出主观解释，并会对员工的态度和行为产生影响（Nishii et al.，2008）。本研究假设人力资源归因会在计划行为理论模型框架的作用下对知识共享行为产生影响效应。

4.2.1 人力资源归因与知识共享行为的关系

根据归因理论，人们会依据对某一事件发生后行为产生的原因进行归因，对任务的成功或者失败产生情感上的积极或者消极的回应（Weiner，2008），对于归因的理解十分关键，因为人们对于行为和事件发生原因的解释能够决定他们接下来的行为（Kelley & Michela，1980），而从因果关系链条上看，个体对于人力资源实践的理解在于其行为发生之前（Bowen & Ostroff，2004）。人力资源归因理论在此基础上提出人力资源归因会影响个体的行为（Nishii et al.，2008）。相对于以外部物质交换为主的经济交换理论（Blau，2017），社会交换理论更多地关注内在的义务感、信任、感激等（Bock & Kim，2002）。以承诺为基础的人力资源管理实践能够对信任、合作、共享代码和语言的组织社会氛围有正向影响，而作为回报，这些社会氛围会影响公司交换整合知识的能力（Collins & Smith, 2006）。而情感型领导也能够正向预测员工的创新行为（徐世勇、张柏楠、刘燕君、许昉昉、王继欣，2019），表明当公司重视领导与员工关系建设的时候，能够激发出员工的创新行为，而在实现创新行为的过程中也促进了员工的知识共享行为。

做出承诺型人力资源归因的员工更能够感知到在具有良好企业形象公司工作内心所产生的自豪感和满足感，以及组织对其表现出的关爱和支持（Nishii et al., 2008；黄昱方、吴畑霖，2017），将人力资源管理实践看作组织为提升自身工作质量和幸福感的行为，根据社会交换理论的互惠规范，员工在获得组织的积极对待后会自发产生回馈组织的义务感，引导其在后续工作中表现出更加积极的态度和高效的行为（Schmit & Allsheid, 1995；Eisenberger et al., 1997；Whitener, 2001），因此作为交换，他更乐于将自己所拥有的知识在组织内向其他成员共享，通过提升员工的工作绩效实现组织绩效的提升，进而回馈组织。此外，此类员工蕴含着对企业外部形象的认可和关注，体现了其对声誉的重视，这也会对知识共享行为的实施起到促进作用（Safa & Solms, 2016）。此外，当个体能够感受到组织和管理层更多的支持时，会促使其更倾向于做出知识共享行为（Hendriks, 1999；McNichols, 2010；Cavaliere & Lombardi, 2015；Amayah, 2013；Cabrera et al., 2006；Kulkarni et al., 2006）。上述这些情况都会强化员工对知识共享态度的行为信念。

做出控制型人力资源归因的员工缺乏与公司之间的信任感，难以信任知识接收对象（王丽平等，2013），同时会降低员工承诺（Nishii et al., 2008），感知到的更多是公司剥削员工、榨取其价值的目的，根据社会交换理论，甚至会对组织产生抵触、厌恶的情绪，会减少在组织内共享自己所拥有知识的行为。而且这类员工自己也会对组织和领导产生隔阂感，增加员工与组织的心理距离，并阻碍知识共享行为（王丽平等，2013）。伴随着这些员工感受到的来自组织支持的降低（Chen & Wang，2014），会抑制知识共享的产生（McNichols，2010）。同时，对于自身随时可能被替换的焦虑也会降低员工创造力的发挥（Okebukola，1986），而这种随之而来的压力也会影响员工的创新行为（徐世勇，林琦，2010），从而抑制其知识共享行为。此外，当公司过度关注对员工价值的榨取，势必会给员工安排高负荷工作，而这种工作负荷过重的情况同样会阻碍知识共享行为的发生（Qureshi & Evans，2015）。上述这些情况无疑都会弱化员工知识共享态度的行为信念。

因此，本研究提出如下假设：

H1a：承诺型人力资源归因正向影响知识共享行为。

H1b：控制型人力资源归因负向影响知识共享行为。

4.2.2 人力资源归因与知识共享态度的关系

知识共享态度是指个体对于向其他个体或者群体共享知识的积极或者消极的情感评价（Ajzen，1991；金辉，2013）。人们对于行为和事件发生原因的解释能够决定他们接下来的态度（Kelley & Michela，1980）。根据态度期望价值模型（Fishbein & Ajzen，1975），行为态度主要受行为信念影响，行为信念又主要受价态评估和信念强度的影响，态度会从个体对态度对象持有的信念中合理发展而来，个体通过关联信念与某些特定属性形成针对某一客体的信念。具体到知识共享态度，每一个针对知识共享的信念都连接着知识共享行为与某一特定结果，即知识共享行为作为提升企业价值与竞争力的有效手段，个体对其的态度完全取决于行为后果。从因果关系看，个体对于人力资源实践的理解发生在其产生相应态度之前（Bowen & Ostroff，2004）。而 Nishii 等（2008）的研究则验证了承诺型人力资源归因能够正向影响员工态度，控制型人力资源归因会负向影响员工态度。

当员工做出承诺型人力资源归因时，自身能够感知到组织对于自身的投入与支持，根据社会交换理论，员工会产生回报组织的意愿，其对知识共享行为的价态评估将得以放大，信念强度也会越发强烈，同时，承诺型人力资源归因员工能够感知到组织对其给予的支持（Chen & Wang, 2014），这种支持连同对知识共享的鼓励，能够提升员工对知识共享重要性的理解，从而强化员工的知识共享态度（Cabrera et al., 2006; Kulkarni et al., 2006）。同时，根据社会归因理论，员工会对社会化刺激源赋予不同的意义（Fiske & Taylor, 1991），而这些又能影响员工对刺激源产生态度的差异。承诺型人力资源归因暗含利他管理动机，即利顾客和员工（Nishii et al., 2008），这种组织向员工展示的形象可以通过满足个体自我提升和自尊的需要，强化个体的组织认同，进而将组织利他价值观内化，并用来指导员工的行为，如强化其对主动帮助同事（Mael & Ashforth, 1992）是一件正确的事情这种理解。这些有助于员工对知识共享的价态评估更为积极，信念强度更高，进一步加强知识共享行为信念。此外，此类员工在获得公司的积极对待后，会产生回报组织、形成互惠关系的期待，这对知识共享态度也具有正向影响作用（Chennamaneni, 2007）。

而当员工做出控制型人力资源归因时，感知到更多的是组织对自己价值的榨取。在这种情况下，员工不但不会有回报组织的想法，甚至可能会产生报复组织的念头，员工对知识共享的价态评估就比较消极。同时，这类员工还会感受到自己是被公司利用的工具，将自己看做随时可被替代的员工，其策略趋向于减少在每一位员工身上的投入（Schuler & Jackson, 1987），因而此类员工会表现出更低的员工承诺（Nishii et al., 2008），对组织产生芥蒂，造成消极知识共享价态评估，降低其进行知识共享的信念。在这种消极状态下，员工会认为知识共享行为是一件不应当或者不值得做的事情。

因此，本研究提出如下假设：

H2a：承诺型人力资源归因正向影响知识共享态度。

H2b：控制型人力资源归因负向影响知识共享态度。

4.2.3 人力资源归因与知识共享主观规范的关系

主观规范是指个体所感知到的社会压力对某一行为的支持或反对，受规范信念和顺从动机影响（Ajzen，1991）。社会压力主要来自重要他者（significant others），而社会距离越近的他者的主观规范感知往往越大（闫岩，2014）。主观规范主要受到以下两方面的影响，首先是外部影响或信息影响，如媒体和专家的言论等外部信息；其次是内部影响或人为影响，如主管、同事、朋友等（Schoorman、Mayer & Davis，2007）。因此，在组织中的直线领导，甚至整个组织层的行为、态度，对个体主观规范会产生重要影响。个体进行归因时，会对其后续认知产生系统性影响（Weiner，1985）。

承诺型人力资源归因所暗含的组织利他性管理可以使个体更易感受到领导层对知识共享行为这一有利于他人行为的认可与赞许，会更加感受到领导给予的关心与支持（Nishii et al.，2008；Chen & Wang，2014），以及对知识共享这种有助于他人提升知识技能行为的肯定。同时，做出承诺型人力资源归因的员工会感知到组织对于优质服务的追求，而知识共享作为提升优质服务的有效手段（Yang，2010），能够使员工联想到组织同样会支持其进行知识共享行为。此外，无论是对于优质服务的追求，还是对良好形象建立的要求，最终反映的还是个体工作绩效和组织绩效提升的最终目标。多项研究表明，知识共享对提升个体工作绩效（Dong et al.，2017；Aulawi et al.，2009）和组织绩效（Iyamah & Ohiorenoya，2015；朱秀梅等，2011）具有显著作用，这些都会引导做出承诺型人力资源归因的员工形成一种感知，即组织和领导为实现组织最终目标而对员工进行知识共享的支持，以及员工在进行知识共享时遇到来自管理层的阻力势必更少，最终实现个体规范信念的强化。

做出控制型人力资源归因的员工，对于自身关心较少，除非雇佣自己是为提升效率的投资，否则领导并不愿意聘用自己作为其员工（Nishii et al.，2008），这会造成员工对组织领导层信任的降低，更少感受到管理层对于自身进行知识共享的支持及更多的阻力（Chen & Wang，2014），同时也会使员工产生主管的一切关注力全部集中于效率的提升，非但不会鼓励，反而会阻碍其他与成本节约在短期内无直接影响的包括知识共享在内的行为，这种情形会严重弱化个体的规范信念。

因此，本研究提出如下假设：

H3a：承诺型人力资源归因正向影响知识共享主观规范。

H3b：控制型人力资源归因负向影响知识共享主观规范。

4.2.4 人力资源归因与知识共享知觉行为控制的关系

相较于理性行为理论，计划行为理论的重点在于纳入知觉行为控制这一变量，决定个体进行某项行为的条件除个体对这一行为的态度以及周边社会对他的期待，还包括对自己实行该项行为的能力认知，即自己能不能完成该项行为，完成该项行为要付出多大的努力。知觉行为控制包括感知控制和自我效能两个子维度（Ajzen，2002；Trafimow，2002），而知识共享知觉行为控制表现为员工不仅能够拥有对于自己有能力进行知识共享行为的自信，也包括自己对于是否进行知识共享行为拥有的决定权利。

做出承诺型人力资源归因的员工更能够感知到组织对自身的投资属于长期性投资（Nishii et al.，2008），更容易感知到在知识共享资源方面能够获得领导及组织支持，这对知识共享感知控制具有积极的影响（Ajzen，1991）。同时，其感知到的组织对自己的长期投资会显著促进自身的发展，有助于自身的成长和经验、学识的积累。根据自我效能理论（Bandura，1977），在这种积极正向的情境中，通过情绪唤醒能够增加其自我效能，提升自信心。此外，根据前文的论述，承诺型人力资源归因员工更倾向于进行知识共享，而成功的知识共享经验及对知识共享失败案例的改正，都能够进一步提升其知识共享自我效能，形成良性循环，相信自身能够将知识、技能有效的共享出去，员工在共享过程中更加自信，而且这类员工更容易感知到公司对其幸福感的关注以及对员工表现出来的尊重（Nishii et al.，2008），这有助于员工形成自身对于是否进行知识共享具有决定权的感知，从另一方面提升知识共享感知控制。这些都有助于员工自身高控制信念的形成，进而提升知识共享知觉行为控制水平。

做出控制型人力资源归因的员工会认为组织不愿对其进行长期深入的培训（Schuler & Jackson，1987），更容易产生自身在知识与技能方面缺少积累与进步的消极想法。员工对组织剥削员工的感受也会形成组织对其知识共享资源供应不足的感知。由于存在认为自身被组织当作短期劳动力使用并随时可能会被替代（Nishii et al.，2008）的风险，会造成对自己能力低于实际水平的判断，因此，这类员工很难认为自身拥有值得向企业内其他员工共享的知识，同时也缺乏完成知识共享行为的信心。此外，组织关怀的缺少和随时可被替换的担忧所产生的焦虑感能够通过生理压力显现和合作机制削弱降低自我效能（Lazarus & Folkman，1984）。这些因素都会降低员工对自己实施知识共享的控制信念，会进一步弱化员工的知识共享知觉行为控制。

因此，本研究提出如下假设：

H4a：承诺型人力资源归因正向影响知识共享知觉行为控制。

H4b：控制型人力资源归因负向影响知识共享知觉行为控制。

4.2.5　人力资源归因与知识共享意愿的关系

知识共享意愿是指员工在组织内部的知识分享行动中，将其所拥有的信息、经验和技能等知识在自己的主观意愿下分享给组织内其他员工,并被其他员工理解和使用的个人倾向(Zhang & Zhang, 2017)。根据目的的不同,知识共享意愿可划分为知识贡献意愿(即向他人主动表达、交流自身所拥有知识的意愿)和知识收集意愿(即向他人搜索、寻求知识的意愿)(Hoof & Ridder, 2004)。本研究所涉及的知识共享主要是个体主动将自身知识共享给他人的行为,因此,本研究所指知识共享意愿主要为知识贡献意愿。

当员工做出承诺型人力资源归因时,他能够感知到组织对其进行的是长时间投资(Nishii et al., 2008),公司与员工寻求的是长期关系(Allen, Shore, & Griffeth, 2003),因此并不担心自己将知识共享出后会立刻失去自身的竞争优势,反而通过知识的共享可以促进组织整体的知识迭代进度,从长远来看可以促进自身的成长。也有研究表明,组织对个体的投资行为也会得到个体对组织的认可,这种认可能够影响员工创造知识和交换知识的动机(Nahapiet & Ghoshal, 1998)。同时,组织对员工的长期投资能够使员工产生工作安全感,以及能够良好地协调员工和领导、组织的工作关系,这对知识共享意愿的提升也具有重要作用(孙道银,李桂娟,巩见刚,2012)。而员工感知到的组织对员工的关怀,显示组织采取的是一种类似仁慈型领导,这将激发员工的知识共享意愿(叶龙、刘云硕、郭名,2018)。此外,个体所感受到的领导支持态度(Lin & Lee, 2006),以及随之强化的组织与个体间的信任氛围(Renzl, 2008;冯长利、李天鹏、兰鹰,2013),能够降低感知成本对知识共享的消极影响(Kankanhalli et al., 2005),也会对知识共享意愿产生积极的影响作用。在已有类似研究中,高承诺工作系统已被证实对知识共享意愿具有显著影响(田立法,2015)。

而当员工做出控制型人力资源归因时,会感到自己仅为组织为控制成本而受到不断剥削压榨的工具,并且具有很高的可替代性,并不能获得组织的用心对待(Nishii et al., 2008),一旦将知识共享给组织内其他员工，自己将很快失去优势并可能被组织抛弃（Schuler & Jackson，1987），员工的工作不安全感会（Greenhalgh & Rosenblatt，1984；Borg & Elizur，1992）会降低员工之间的信任程度（Ashford，Lee & Bobko，1989），造成工作关系恶劣，加之这类员工主观上会表现出较强的离职意愿（Chen & Wang，2014），这些因素都会严重遏制其知识共享意愿（DeLong & Fahey，2000）。

因此，本研究提出如下假设：

H5a：承诺型人力资源归因正向影响知识共享意愿。

H5b：控制型人力资源归因负向影响知识共享意愿。

4.2.6　知识共享态度与知识共享意愿的关系

根据计划行为理论，个体知识共享的意愿取决于其知识共享态度。当员工认为知识共享对其具有很强的重要性，能够帮助其实现自身价值，即员工主观进行知识共享的态度越强烈，其进行知识共享的意愿也会越高。反之，当员工对知识共享的重要性认可度较低，并且认为知识共享会削弱其自身价值并引出竞争者，即其对知识共享的态度表现消极的时候，其进行知识共享的意愿也会降低（Kuo & Young，2008）。Chou 和 Chang（2008）的研究则证实知识创造态度可以正向影响知识创造意愿。

同时，根据前文推导，人力资源归因对知识共享态度和意愿都具有影响，即不同类型的人力资源归因可以通过知识共享态度的变化实现对知识共享意愿的预测。当员工做出承诺型人力资源归因时，能够产生利他动机，并能够感受到组织对自身的投入与支持，作为回报，他会对组织做出更多承诺（Nishii et al.，2008），对知识共享行为这一有利于组织的行为信念强度也会增强，从而产生更为积极的知识共享态度，并最终增强员工的知识共享意愿。而当员工做出控制型人力资源归因时，更多感受到自己作为组织用来获取价值的工具，具有很强的可替代性

(Schuler & Jackson, 1987), 在降低对组织的承诺时, 也会对组织心怀芥蒂, 从而对知识共享行为持消极态度, 并降低知识共享意愿。在以往的研究中, 郑万松等 (2014) 验证了知觉行为控制分别在信任、形象和失去知识的权威对知识共享意愿之间的中介作用。

因此, 本研究提出如下假设:

H6: 知识共享态度能够正向影响知识共享意愿。

H7a: 承诺型人力资源归因能够通过知识共享态度的中介作用正向影响知识共享意愿。

H7b: 控制型人力资源归因能够通过知识共享态度的中介作用负向影响知识共享意愿。

4.2.7 知识共享主观规范与知识共享意愿的关系

规范是组织有效运行的保障, 根据计划行为理论, 知识共享意愿由知识共享主观规范决定 (Ajzen, 1991), 即当个体感知到外界对其进行知识共享的期望越高, 其进行知识共享的意愿也越为强烈。当个体能够感知到行为被社会认可, 而不是受自己的选择或性格决定, 能够降低社会要求和自己做出这一行为所承担的压力 (Jones & Davis, 1965), 从而有效促进员工做出这一行为的意愿。Nahapiet 和 Ghoshal (1998) 提出, 当员工对团队表现出认可的时候, 会提升其创造知识和交换知识的动机, 而这种认可可以理解为对团队规范的认同和遵守 (李贺、彭丽徽、洪闯等, 2019)。在已有研究中, 李贺等的研究验证了主观规范对利他知识创新意愿的影响, 而 Chou 和 Chang (2008) 的研究则表明, 在高联系团队中, 主观规范对知识创造意愿具有显著预测作用。

同时, 根据前文推导, 人力资源归因对知识共享主观规范和意愿都具有影响作用, 即不同类型的人力资源归因可以通过知识共享主观规范的变化实现对知识共享意愿的预测。做出承诺型人力资源归因的员工能够感知到组织利他性管理 (Nishii et al., 2008; Chen et al., 2014), 连同组织对于优质服务和良好形象的追求，都能使员工联想到组织对于知识共享行为的鼓励和认可，以提升知识共享主观规范，进而增强知识共享的意愿。而做出控制型人力资源归因的员工感受到的是管理层对于利用员工最大价值的关注（Schuler & Jackson，1987），缺少知识共享这种长期策略行为，并很可能会遏制这种短期内无明显利润提升的行为，因此知识共享主观规范更低，进而降低知识共享意愿。

因此，本研究提出如下假设：

H8：知识共享主观规范能够正向影响知识共享意愿。

H9a：承诺型人力资源归因能够通过知识共享主观规范的中介作用正向影响知识共享意愿。

H9b：控制型人力资源归因能够通过知识共享主观规范的中介作用负向影响知识共享意愿。

4.2.8　知识共享知觉行为控制与知识共享意愿的关系

当个体针对知识共享的知觉行为控制的程度越高，其对于自身进行知识共享的能力愈发自信，知识共享意愿也越强烈（Ajzen，2005）。李贺等（2019）的研究中提出自我效能属于知觉行为控制的范畴，并验证了知识自我效能对"利己"知识创新意愿具有显著正向影响效应。Lin（2007）的研究同样证实，当个体具有较高的知识共享自我效能时，往往能够产生更强的知识共享意愿。Hagge等（2002）在其研究中验证了知觉行为控制对行为意向具有显著影响。当知识共享知觉行为控制比较低的时候，会表现为缺少自信，并可能产生害怕出丑的心理，而这也会从主观上阻碍知识共享的发生（Lilleoere & Hansen，2011）。此外，Hendriks（1999）的研究则证实了工作自主性能够正向影响知识共享动机，而工作自主性正是知觉行为控制的体现之一。

同时，根据前文推导，人力资源归因对知识共享知觉行为控制和意愿都具有影响作用，即不同类型的人力资源归因可以通过知识共享知觉行为控制的变化实现对知识共享意愿的预测。当员工做出承诺型人力资源归因时,组织对自身长期投资的感知(Nishii et al.,2008)能够帮助其提升感知控制,且在这种情境下知识共享成功经验能够提升自我效能,因此员工的知识共享知觉行为控制能够得到有效提升,从而提升其知识共享意愿(Ajzen,1991)。当员工做出控制型人力资源归因时,能够感知到自身只是作为被公司利用的工具,并不会得到公司重视,有随时被替代的可能(Nishii et al.,2008),且缺乏公司的长期投资(Schuler & Jackson,1987),这种焦虑会降低其自我效能,从而降低知识共享知觉行为控制(Lazarus & Folkman,1984),并可能产生自我否定和自暴自弃的念头,进而降低其知识共享意愿。在以往的研究中,郑万松等(2014)的研究验证了计算机效能能够在知觉行为控制的中介作用下正向预测知识共享意愿的强度。

因此,本研究提出如下假设:

H10:知识共享知觉行为控制能够正向影响知识共享意愿。

H11a:承诺型人力资源归因能够通过知识共享知觉行为控制的中介作用正向影响知识共享意愿。

H11b:控制型人力资源归因能够通过知识共享知觉行为控制的中介作用负向影响知识共享意愿。

4.2.9 知识共享意愿与知识共享行为的关系

知识共享意愿主要表现为个体对进行知识共享行为的一种倾向程度,根据计划行为理论,这种倾向程度对最终行为的实施应有重要影响。一般而言,进行某种行为的意愿越强烈,这种行为就越有可能发生,个体行为意愿也是最接近个体实际行为的影响因素(Ajzen,1991)。而有关意愿与行为的关系在许多研究中都已经被验证,作为一般规则,当控制对某一行为的影响不够强烈时,意愿足可以高准确性的预测行为(Ajzen,1988;Sheppard、Hartwick & Warshaw,1988)。Mansted 等

(1983)在一项实验中发现，母亲为新生儿采用的喂养方式（母乳喂养还是奶瓶喂养）与其在新生儿出生几周前调查选择的喂养方式基本一致。在与知识共享类似的知识创新领域，知识创新意愿对知识创新行为的影响也被部分研究所验证（张毅、游明达，2014；李贺等，2019）。

因此，本研究提出如下假设：

H12：知识共享意愿正向影响知识共享行为。

4.2.10 知识共享态度与知识共享行为的关系

态度作为一种心理倾向，也是一种心理的准备状态，在某种程度上对行为会有一定的预测作用（张红涛、王二平，2007），而行为又是潜在态度的表达（Upmeyer & Six，1989），知识共享对于组织竞争力的提升具有非同凡响的重要作用，这就决定了知识共享态度的强度会比较强烈，在这种情况下，知识共享行为出现的可能性也会越大（Farley & Stasson，2003）。

根据前文的推导，当员工认为知识共享对其具有很强的重要性，即个体主观进行知识共享的态度越强烈，其进行知识共享的意愿也会越高，知识共享行为越有可能发生（Ajzen，1991）；反之，当员工对知识共享的重要性认可度较低，即其对知识共享的态度表现消极的时候，知识共享的意愿也会降低（Kuo & Young，2008），知识共享行为则会受到遏制。同时，知识共享意愿在众多研究中也被证实可作为中介变量中介其他因素对知识共享行为的影响作用（苏伟琳、林新奇，2019；Chou & Chang，2008；何俊琳等，2018）。

因此，结合计划行为理论，本研究提出如下假设：

H13：知识共享态度正向影响知识共享行为。

H14：知识共享意愿能够中介知识共享态度对知识共享行为的正向影响作用。

4.2.11 知识共享主观规范与知识共享行为的关系

当员工感知到公司和管理层支持和认可知识共享行为时，能够增强其对于知识共享自身意义和价值的感知，这能促使员工产生强烈的责任感和使命感，做出更多的知识共享行为（王国保，2016）。同时，这种来自主管对于知识共享的支持同样会促进员工做出更多的知识共享行为（Hendriks，1999；Amayah，2013；King & Marks，2008）。此外，员工感受到的来自领导的信任，能够通过组织支持感和积极心理状态的提升，加强员工的创新投入（Scott & Bruce，1994；Vinarski-Peretz & Carmeli，2011），通过成功实施这些具有创造性想法的过程（Amabile，1988），也可以促进员工实现知识共享行为。

根据前文的推导，当员工能够感知到行为被社会认可而不是受自己的选择或性格所决定，能够缓解自己做出这一行为所承担的压力（Jones，1961），当员工感知到外界对其进行知识共享的期望越强烈，其进行知识共享的意愿也会越为强烈，而这种强烈的知识共享意愿也预示着知识共享行为的发生（Ajzen，1991）。

因此，结合计划行为理论，本研究提出如下假设：

H15：知识共享主观规范正向影响知识共享行为。

H16：知识共享意愿能够中介知识共享主观规范对知识共享行为的正向影响作用。

4.2.12 知识共享知觉行为控制与知识共享行为的关系

知识共享知觉行为控制在实践中表现出来的是个体对于自己拥有可以分享给他人的知识以及具备将其顺利转移给他人的能力，高知识共享知觉行为控制的个体往往具有更强的工作自主性，即拥有较强自我判断能力、独立能力和自主能力，能够做出更多的知识共享行为（苏伟琳、林新奇，2019）。同时，根据自我验证理论，个体会持续追求或引发符合自我概念的反馈，以获取对外部环境的控制感和预测感，从而实现自我信念的延续或加强（Korman，1970）。拥有高知识共享知觉行为控制的员工，对自身能力和学识的自信往往使其具备高核心自我评价，这促使其更容易从周边环境中寻求积极反馈（Wu & Griffin，2012），通过自身能力将知识共享给其他员工，帮助他们解决问题，使自身价值得到认可，是积极反馈的来源之一（袁凌等，2018）。此外，已有研究还指出，自我效能能够正向预测知识共享行为（Hsu et al.，2007；Lin，2007）、Reinholt、Pedersen 和 Foss（2011）则发现，知识共享能力能够提升知识的提供和获取，郭永辉（2008）的研究指出，当员工对于能够顺利实现分享知识的行为所持有的自我信任越强烈时，其越能够做出更多的知识共享行为。

根据前文的推导，当员工针对知识共享行为知觉行为控制的感知程度越高，其知识共享意愿就越强烈，这种强烈的意愿最终使得知识共享行为更容易发生（Ajzen，1991）。在类似研究中，苏伟琳和林新奇（2019）也证实知识共享意愿能够中介工作特征对知识共享行为的影响作用。周浩和盛欣怡（2019）在其研究中同样发现征求者意向能够中介管理者自我效能对征求建言的预测作用。

因此，结合计划行为理论，本研究提出如下假设：

H17：知识共享知觉行为控制正向影响知识共享行为。

H18：知识共享意愿能够中介知识共享知觉行为控制对知识共享行为的正向影响作用。

4.2.13 人力资源归因通过知识共享态度和知识共享意愿的连续中介作用对知识共享行为的影响

计划行为理论（Ajzen，2005）认为影响个体行为的因素来自个体对实施某项特定行为的主观概率的判定，即行为意向，显示了个体对这一行为的采行意愿。而行为意向又主要受态度、主观规范、知觉行为控制三个因素影响。人力资源归因作为个体对组织人力资源管理实践的感知，在人力资源管理过程中转化为凸显信念，构成知识共享态度、知识共享主观规范和知识共享知觉行为控制的信念基础。

当员工做出承诺型人力资源归因时，相信组织环境有利于其长期发展，能够感受到组织对自身的投入与支持（Chen & Wang, 2014）和对知识共享行为的认可，作为回报，员工会对组织做出更多承诺（Nishii et al., 2008），员工对知识共享重要性的理解也会提升。此外，该环境下蕴含的利他管理动机（Nishii et al., 2018）价值观内化后可引导员工认为主动帮助同事是正确的（Mael & Ashforth, 1992）。这些都有助于员工对知识共享的价态评估更为积极，信念强度更高，行为信念强度也会随之增强，并形成积极的知识共享态度，加强对知识共享的重视，进而提升其知识共享意愿，在强烈的知识共享意愿下，知识共享行为越有可能发生。

而当员工做出控制型人力资源归因时，更多感受到自己作为被组织利用的工具，具有很强的可替代性（Schuler & Jackson, 1987），失去竞争优势时被组织随时淘汰的可能会严重影响员工的知识共享态度，在降低对组织的承诺时，也会对组织心怀芥蒂，造成消极知识共享价态评估，从而对知识共享行为持消极态度，进而降低知识共享意愿，最终阻碍知识共享行为。

以往研究中，Chou 和 Chang（2008）以知识创造为研究对象，验证了知识创造态度能够在知识创造意愿的作用下对知识创造行为产生显著影响。

因此，结合计划行为理论，本研究提出如下假设：

H19a：承诺型人力资源归因通过知识共享态度和知识共享意愿的连续中介作用对知识共享行为产生正向影响。

H19b：控制型人力资源归因通过知识共享态度和知识共享意愿的

连续中介作用对知识共享行为产生负向影响。

4.2.14 人力资源归因通过知识共享主观规范和知识共享意愿的连续中介作用对知识共享行为的影响

做出承诺型人力资源归因的个体，持有组织利他管理的信念（Nishii et al.，2008；Chen & Wang，2014），连同组织对于优质服务和良好形象的追求，都能使个体联想到组织鼓励和认可知识共享这种行为，相信管理层在个体进行知识共享时不会发出阻力，形成积极的外部规范信念，当这种来自管理层的支持态度感知越强烈，会进一步强化其进行知识共享的意愿，并在强烈的知识共享意愿下更容易产生知识共享行为。

而做出控制型人力资源归因的员工，会认为组织管理层进行人力资源管理仅仅是为了压榨员工，更多的是对于成本控制的关注（Schuler & Jackson，1987），不会支持员工进行知识共享等与生产无直接关系的行为，外部控制信念更为消极，因此知识共享主观规范更低，从而降低了知识共享意愿强度，在此情形下，知识共享行为更易遭到遏制。Chou 和 Chang（2008）的研究指出，在高联系团队中，主观规范对知识创造态度和知识创造意愿有显著预测作用，而类似研究也有将知识共享主观规范作为中介变量，验证了其对工作任务依赖程度和知识共享行为影响的中介作用（郭永辉，2008）。

因此，结合计划行为理论，本研究提出如下假设：

H20a：承诺型人力资源归因通过知识共享主观规范和知识共享意愿的连续中介作用对知识共享行为产生正向影响。

H20b：控制型人力资源归因通过知识共享主观规范和知识共享意愿的连续中介作用对知识共享行为产生负向影响。

4.2.15 人力资源归因通过知识共享知觉行为控制和知识共享意愿的连续中介作用对知识共享行为的影响

以往研究显示，员工知识共享的能力越强烈时，越能够预测到自己倾向于进行知识获取和提供行为（Reinholt et al.，2011）。做出承诺型人力资源归因的员工得益于对工作及其周边环境的积极感知，对包括共享能力在内的自身能力往往能够有更加积极的评价，而这一点又会提升这一行为的自我效能（Gist & Mitchell，1992）。这类员工能感知到公司对其给予的关怀和帮助，因此往往对自身能力、所拥有的资源，包括进行知识共享的能力，有更强的自信，进而增强自身知识共享自我效能感。在此情境下，知识共享的内部控制信念也得以强化，提高了知识共享知觉行为控制程度，使员工更倾向于做出知识共享的决定（Bock et al.，2005；Hsu et al.，2007），从而提升知识共享意愿强度，并在高强度知识共享意愿的作用下，使得知识共享行为更容易实现。

而做出控制型人力资源归因的员工能够感知到自身并不被公司重视，有随时被替代的可能（Nishii et al.，2008），且缺乏公司的长期投资（Schuler & Jackson，1987），这种焦虑会降低其自我效能，形成消极的自我控制信念，从而降低知识共享知觉行为控制强度（Lazarus & Folkman，1984），并可能产生自我否定和自暴自弃的念头，进而降低其知识共享意愿，这种低知识共享意愿会更容易对知识共享行为造成阻碍。

因此，结合计划行为理论，本研究提出如下假设：

H21a：承诺型人力资源归因通过知识共享知觉行为控制和知识共享意愿的连续中介作用对知识共享行为产生正向影响。

H21b：控制型人力资源归因通过知识共享知觉行为控制和知识共享意愿的连续中介作用对知识共享行为产生负向影响。

4.3 假设汇总

汇总上述内容，确定总计 21 组研究假设，具体如下：

H1a：承诺型人力资源归因正向影响知识共享行为。

H1b：控制型人力资源归因负向影响知识共享行为。

H2a：承诺型人力资源归因正向影响知识共享态度。

H2b：控制型人力资源归因负向影响知识共享态度。

H3a：承诺型人力资源归因正向影响知识共享主观规范。

H3b：控制型人力资源归因负向影响知识共享主观规范。

H4a：承诺型人力资源归因正向影响知识共享知觉行为控制。

H4b：控制型人力资源归因负向影响知识共享知觉行为控制。

H5a：承诺型人力资源归因正向影响知识共享意愿。

H5b：控制型人力资源归因负向影响知识共享意愿。

H6：知识共享态度能够正向影响知识共享意愿。

H7a：承诺型人力资源归因能够通过知识共享态度的中介作用正向影响知识共享意愿。

H7b：控制型人力资源归因能够通过知识共享态度的中介作用负向影响知识共享意愿。

H8：知识共享主观规范能够正向影响知识共享意愿。

H9a：承诺型人力资源归因能够通过知识共享主观规范的中介作用正向影响知识共享意愿。

H9b：控制型人力资源归因能够通过知识共享主观规范的中介作用负向影响知识共享意愿。

H10：知识共享知觉行为控制能够正向影响知识共享意愿。

H11a：承诺型人力资源归因能够通过知识共享知觉行为控制的中

介作用正向影响知识共享意愿。

H11b：控制型人力资源归因能够通过知识共享知觉行为控制的中介作用负向影响知识共享意愿。

H12：知识共享意愿正向影响知识共享行为。

H13：知识共享态度正向影响知识共享行为。

H14：知识共享意愿能够中介知识共享态度对知识共享行为的正向影响作用。

H15：知识共享主观规范正向影响知识共享行为。

H16：知识共享意愿能够中介知识共享主观规范对知识共享行为的正向影响作用。

H17：知识共享知觉行为控制正向影响知识共享行为。

H18：知识共享意愿能够中介知识共享知觉行为控制对知识共享行为的正向影响作用。

H19a：承诺型人力资源归因通过知识共享态度和知识共享意愿的连续中介作用对知识共享行为产生正向影响。

H19b：控制型人力资源归因通过知识共享态度和知识共享意愿的连续中介作用对知识共享行为产生负向影响。

H20a：承诺型人力资源归因通过知识共享主观规范和知识共享意愿的连续中介作用对知识共享行为产生正向影响。

H20b：控制型人力资源归因通过知识共享主观规范和知识共享意愿的连续中介作用对知识共享行为产生负向影响。

H21a：承诺型人力资源归因通过知识共享知觉行为控制和知识共享意愿的连续中介作用对知识共享行为产生正向影响。

H21b：控制型人力资源归因通过知识共享知觉行为控制和知识共享意愿的连续中介作用对知识共享行为产生负向影响。

4.4 研究模型

根据以上假设，本研究框架模型见图 4-1：

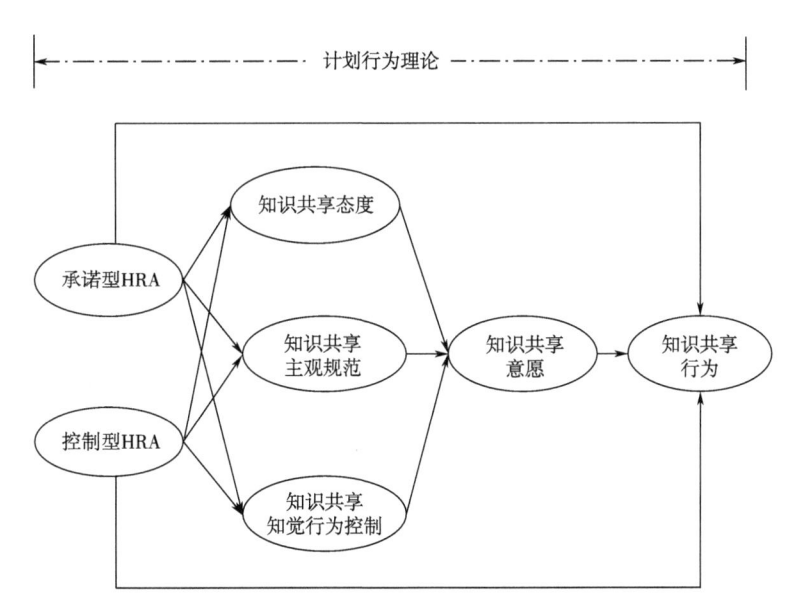

图 4-1 本书研究框架模型

第 5 章　实证研究

5.1　研究设计

本研究通过实证研究，采用问卷调查法，根据问卷调查结果检验各项假设是否成立。

5.1.1　研究样本

本研究的数据采集主要采用网络调研软件，通过方便抽样的方式进行。样本详细情况参照第 3 章的有关内容。在网络调查中，通过抽奖的方式对参与调查人员表示感谢，由此也提升了问卷填写质量。在问卷开头部分，研究者重点强调本次问卷调查目的只作为学术研究使用，绝不外泄，同时，问卷调查内容不涉及姓名、职务等个人敏感信息，以打消被调查者疑虑，进一步保证其能够如实填写信息，提升调查结果的真实性。

本研究采用三阶段法回收问卷。第一阶段主要是针对人力资源归因这一自变量的收集；两周后进行第二阶段问卷收集，即针对知识共享态度、知识共享主观行为规范、知识共享知觉行为控制和知识共享意愿这 4 个中介变量收集问卷；再过两周进行第三阶段问卷收集，即针对知识共享行为这一结果变量收集问卷。为有效匹配最终结果并尽量保证被调查者隐私信息不被泄露，三次问卷中结尾部分请被调查者填写 QQ 号码后 6 位，作为匹配三份问卷的最终依据。

本研究共发放问卷 433 套，剔除数据严重缺失、结果具有明显规律性和无法成功匹配的问卷后，剩余有效问卷 327 套，有效回收率为 75.8%。

样本的基本情况如下（见表 5-1）：

从性别看，男性 103 人，占总人数的 31.5%；女性 224 人，占总人数的 68.5%。

从年龄看，23 岁及以下 19 人，占总人数的 5.8%；23~30 岁 122 人，占总人数的 37.3%；31~40 岁 107 人，占总人数的 32.7%；41~50 岁 67 人，占总人数的 20.5%；51 岁以上 11 人，占总人数的 3.4%。

从教育程度看，初中及以下 1 人，占总人数的 0.3%；高中或中专 3 人，占总人数的 0.9%；中专或大专 19 人，占总人数的 5.8%；本科 276 人，占总人数的 84.4%；硕士及以上 28 人，占总人数的 8.6%。

从工作年限看，在 2 年及以下的 33 人，占总人数的 10.1%；在 3~6 年的 110 人，占总人数的 33.6%；在 7~9 年的 38 人，占总人数的 11.6%；在 10~15 年的 61 人，占总人数的 18.7%；在 15 年及以上的 85 人，占总人数的 26.0%。

从整体来看，该样本中，女性员工要明显多于男性员工，而女性更为细致、耐心的特点使其能够在该单位的相关岗位发挥优势，也符合行业内部员工性别结构；年龄结构以中生代为主，特别是 23 至 30 岁年龄段的员工占比最高，超过总样本的三分之一，说明该单位整体员工队伍趋向年轻化，内部活力较强；从受教育程度分析，本科学历员工占到绝大多数，达到 84.4%，说明该单位大部分员工都受过高等教育，整体应具有较高的素质，有能力成为知识共享主体；从工作年限看，具有 3~6 年及 15 年以上工作经验的员工占比较大，可以看出该单位在近些年招入了大量新毕业人员，新鲜血液的注入壮大了员工队伍，同时也保留了大量具有丰富工作经验的员工，具有 7~15 年工作经验的员工数量过度平稳，可见该单位员工年龄结构较为合理。以上各项特征表明，该样本具有良好的代表性。

表 5-1　样本成员主要特征

特征	特征值	人数	频率（%）
性别	男	103	31.498
	女	224	68.502
年龄	23 岁及以下	19	5.810
	23~30 岁	122	37.309
	31~40 岁	107	32.722
	41~50 岁	67	20.489
	51 岁及以上	11	3.364
受教育程度	初中及以下	1	0.306
	高中或中专	3	0.917
	中专或大专	19	5.810
	本科	276	84.404
	硕士及以上	28	8.563
工作年限	2 年及以下	33	10.092
	3~6 年	110	33.639
	7~9 年	38	11.621
	10~15 年	61	18.654
	15 年及以上	85	25.994

5.1.2　变量测量

为确保量表的权威性，本研究所使用量表尽可能选自国内权威核心期刊中发表的文献，确保其为在中国情境下使用及检验过的量表。所有量表均采用李克特 5 点计分法，从 "1＝非常同意" 到 "5＝非常不同意"。

5.1.2.1　人力资源归因

本研究所使用人力资源归因量表是在 Nishii 等（2008）量表的基础

上修订获得的。原始量表在国外研究中已有所使用（Chen & Wang, 2014；Shantz et al., 2016；Voorde & Beijer, 2015）。本研究结合国内实情，对量表进行修正（详见第 3 章），在保持原有 2 个维度的前提下，增加个别题项，同时删减大部分题项，最后保留 8 个题项，其中，承诺型人力资源归因有 4 个题项，如"您所在公司为员工提供培训是为了对外树立公司良好形象""您所在公司向员工提供福利（如养老金、带薪假期、补充医疗保险、体检、年节福利等）是为了向客户提供优质服务""您所在公司向员工提供福利（如养老金、带薪假期、补充医疗保险、体检、年节福利等）是为了使员工感到被重视和尊重，提升其自身幸福感"等；控制型人力资源归因有 4 个题项，如"您所在公司为员工提供培训是为了最大化榨取员工价值""您所在公司做出雇佣决策（如受雇人员的数量和素质等）是为了最大化榨取员工价值""您所在公司向员工提供福利（如养老金、带薪假期、补充医疗保险、体检、年节福利等）是为了最大化榨取员工价值"等。修正后的量表有良好的区分效度和收敛效度，2 个维度量表的 Cronbach 系数分别为 0.806 和 0.836，均大于 0.7，达到统计上的要求，因此本研究选择了该量表。

5.1.2.2　知识共享态度和知识共享主观行为规范

知识共享态度和知识共享主观行为规范的测量来自 Bock 和 Kim（2002）以及 Bock 等（2005）在其研究中所使用的量表，这两个量表的开发和适用基于 Fishbein 和 Ajzen（1975）、Robinson 和 Shaver（1973），以及 Price 和 Mueller（1986）的研究，量表的 Cronbach 系数分别达到 0.874 和 0.823。

国内学者吴勇（2012）在其研究中对这两个量表进行了翻译。汉化后的知识共享态度量表包含 5 个题项，如"将自己的知识共享给公司同事是愉快的事"、"将自己的知识共享给公司同事会对我造成损害"和"将自己的知识共享给公司同事是很享受的体验"等。量表的

Cronbach 系数为 0.912，大于 0.7，达到统计上的要求，因此本研究选择了该量表。

汉化后的知识共享主观行为规范量表充分体现了主观规范这一概念所强调的"主观信念"和"服从动机"这两个内在维度，即从个体对于自己所处外部客观环境的感知和自身主观特性对外部要求的服从程度两个方面，结合主观与客观因素进行测量。该量表共有 6 个题项，其中在"主观信念"方面包含 3 个题项，如"公司高层领导（CEO）认为我应该与其他员工共享知识""直接上司认为我应该与其他员工共享知识"等；在"服从动机"方面包含 3 个题项，如"通常我会按照公司高层领导的要求去做""通常我会按照直接上司的决定去做，即便和我的想法不同"等。量表的 Cronbach 系数为 0.892，大于 0.7，达到统计上的要求，因此本研究选择了该量表。需要指出的是，在前期沟通过程中，样本公司人员提出公司并未设置"CEO"职位，因此对量表中有关"CEO"的表述予以删除，如将"公司高层领导（CEO）认为我应该与其他员工共享知识"改为"公司高层领导认为我应该与其他员工共享知识"。

5.1.2.3 知识共享知觉行为控制

知识共享知觉行为控制的测量基于韩清池（2018）在其研究中所使用的量表改造而来，该量表发展自 Erden、Krogh 和 Kim（2012）研究中使用的量表。量表由 3 个题项组成，前 2 个题项强调个体对于知识共享行为的自信程度，题目内容为"我具备完成向同事共享知识的能力"和"我具备完成向同事共享知识的资源"；第 3 个题项为"如果我愿意，我能够向同事共享知识"，主要强调个体对于是否进行知识共享行为的控制能力。在韩清池的研究中，该量表的 Cronbach 系数为 0.835，大于 0.7，达到统计上的要求，因此本研究选择了该量表。

5.1.2.4 知识共享意愿

知识共享意愿的测量来自 Collins 和 Smith（2006）所开发的量表，

该量表包含 3 个题项，其中典型题项如"为了跟上组织新理念、新产品或服务水平，我愿意共享新想法和新知识"。该量表的 Cronbach 系数为 0.82，大于 0.7，达到统计上的要求，因此本研究选择了该量表。

5.1.2.5 知识共享行为

知识共享行为的测量来自 Collins 和 Smith（2006）所开发的量表，包含了 4 个题项，其中，典型题项如"通过共享知识，比自己独立完成工作任务更迅速"。该量表的 Cronbach 系数为 0.76，大于 0.7，达到统计上的要求，国内学者田立法（2015）在其研究在也曾使用该量表进行测量，量表的 Cronbach 系数为 0.922，大于 0.7，达到统计上的要求，因此本研究选择了该量表。

5.1.2.6 控制变量

根据以往的研究，员工的性别、年龄、受教育程度和工作年限可能会影响知识共享（李锐等，2014；田立法，2015），因此，本研究将上述 4 个因素选为控制变量。需要特别说明的是，本研究是从人力资源归因视角出发，探索其对知识共享的影响，而人力资源归因作为个体对公司人力资源管理目的的感知，本身就是个体层面的构念，因此本研究的研究重点也在于人力资源归因对个体知识共享的影响，各变量的测量也均基于员工个体层面。

5.2 信度和效度分析

本研究量表共包含 7 个潜在变量，涵盖 29 个题项，样本数量为 327 套，超过分析题项的 10 倍，样本量适中。参考以往的研究，对量表的信度和效度分析包括 Cronbach 系数检验、组合信度检验、探索性因子分析、验证性因子分析和区分效度检验五种方法。

5.2.1 信度检验

信度检验主要包括 Cronbach 系数检验和组合信度检验。结果如表 5-2 所示，承诺型和控制型人力资源归因、知识共享态度、知识共享主观规范、知识共享知觉行为控制、知识共享意愿和知识共享行为的 Cronbach 系数均大于 0.7，表明量表的一致性较好。各潜在变量的组合信度 CR 值均大于 0.7，平均方差萃取 AVE 值均大于 0.5，表明量表的组合信度较好。

表 5-2 量表的信度检验

潜变量	Cronbach 系数	组合信度 CR 值	平均方差萃取 AVE 值
承诺型人力资源归因	0.783	0.779	0.547
控制型人力资源归因	0.891	0.891	0.672
知识共享态度	0.803	0.844	0.580
知识共享主观规范	0.832	0.855	0.577
知识共享知觉行为控制	0.863	0.860	0.676
知识共享意愿	0.926	0.928	0.811
知识共享行为	0.922	0.922	0.746

5.2.2 探索性因子分析

探索性因子分析可以使量表中的题项尽量符合理论构念和研究模型。在探索性因子分析过程中，通过连续剔除的方法干扰性较大、因子负荷不够理想的题项，最终使量表中所保留题项与理论构念相吻合。

在进行探索性因子分析前，研究对样本数据进行了 Bartlett 球形检验和计算 KMO 值，量表的总体 KMO 值为 0.879，大于 0.7，Bartlett 球形检验的显著性水平接近 0.000。将量表拆分成人力资源归因和知识共享两部分，再次进行检验，KMO 值分别为 0.782 和 0.912，均大于 0.7，Bartlett 球形检验的显著性水平均接近接近 0.000。该结果表明，量表内各题项存在某种潜在共享因子，适合做探索性因子分析（见表5-3）。

对样本进行探索性因子分析，结果显示所有因子构成均与理论构念相匹配，其中，知识共享主观规范中的一个题项负荷值为0.489，予以剔除，其余所有题项的负荷值均在0.5以上，予以保留（见表5-4）。

表5-3 旋转成分矩阵

题项	成分						
	1	2	3	4	5	6	7
KSB2	0.823	0.120	-0.138	0.211	0.086	0.080	0.173
KSB1	0.809	0.132	-0.123	0.221	0.000	0.045	0.257
KSB4	0.809	0.171	-0.183	0.199	0.086	0.145	0.185
KSB3	0.766	0.159	-0.167	0.166	0.104	0.277	0.141
KSS2	0.038	0.801	-0.016	0.294	0.036	0.156	0.254
KSS1	-0.007	0.794	-0.031	0.271	0.058	0.121	0.194
KSS3	0.117	0.774	-0.048	0.237	0.024	0.153	0.131
KSS4	0.198	0.743	-0.040	0.107	0.109	0.009	0.088
KSS5	0.163	0.522	0.153	-0.144	0.190	-0.062	-0.207
KSS6	0.318	0.489	-0.181	0.015	0.272	0.243	-0.162
HMV	-0.137	-0.036	0.859	-0.058	-0.087	-0.016	-0.120
WMV	-0.119	-0.053	0.852	-0.114	-0.041	-0.099	-0.103
BMV	-0.107	0.034	0.827	-0.115	0.045	0.053	-0.066
TMV	-0.140	-0.019	0.822	-0.119	-0.029	-0.021	-0.150
KSA3	0.179	0.176	-0.020	0.789	0.107	0.114	0.119
KSA4	0.138	0.165	-0.045	0.767	0.113	0.095	0.011
KSA1	0.220	0.140	-0.100	0.716	0.090	0.023	0.022
KSA5	0.158	0.306	-0.148	0.656	0.174	0.268	0.169
KSA2	0.080	-0.007	-0.318	0.547	-0.060	0.000	0.156
WGS	0.121	0.061	-0.042	0.082	0.787	0.142	-0.059
BGS	0.116	0.131	-0.123	-0.015	0.783	0.175	-0.032
BPH	0.006	0.070	0.104	0.121	0.762	-0.014	0.112

续表

题项	成分						
	1	2	3	4	5	6	7
TGI	−0.014	0.113	−0.047	0.130	0.672	−0.001	0.275
KSP3	0.206	0.117	−0.027	0.154	0.079	0.890	0.124
KSP2	0.048	0.150	0.042	0.015	0.162	0.858	0.086
KSP1	0.319	0.092	−0.108	0.326	0.062	0.625	0.234
KSI1	0.317	0.145	−0.221	0.143	0.136	0.224	0.735
KSI2	0.393	0.158	−0.277	0.160	0.139	0.168	0.726
KSI3	0.389	0.179	−0.234	0.161	0.110	0.143	0.725

注：题项一栏 KSA 代表知识共享态度，KSS 代表知识共享主观行为规范，KSP 代表知识共享知觉行为控制，KSI 代表知识共享意愿，KSB 代表知识共享行为，WGS、BGS、BPH 和 TGI 为承诺型人力资源归因题项，HMV、WMV、BMV 和 TMV 为控制型人力资源归因题项。

表 5-4 样本探索性因子分析各题项载荷

潜变量	量表题项	负荷值
承诺型 HRA	Commitement-HRA1	0.783
	Commitement-HRA2	0.787
	Commitement-HRA3	0.762
	Commitement-HRA4	0.672
控制型 HRA	Control-HRA1	0.859
	Control-HRA2	0.852
	Control-HRA3	0.827
	Control-HRA4	0.822
知识共享态度	KSA1	0.716
	KSA2	0.547
	KSA3	0.789
	KSA4	0.767
	KSA5	0.656

续表

潜变量	量表题项	负荷值
知识共享主观规范	KSS1	0.794
	KSS2	0.801
	KSS3	0.774
	KSS4	0.743
	KSS5	0.522
	KSS6	0.489
知识共享知觉行为控制	KSP1	0.625
	KSP2	0.858
	KSP3	0.890
知识共享意愿	KSI1	0.735
	KSI2	0.726
	KSI3	0.725
知识共享行为	KSB1	0.809
	KSB2	0.823
	KSB3	0.766
	KSB4	0.809

5.2.3 验证性因子分析

验证性因子分析的操作是在探索性因子分析对量表题项的结果预计初步确定后，通过结构方程模型软件进一步确认量表内各维度及其题项是否与理论结构预期相吻合，同时可以检验该结构与样本是否适配。本研究使用 Amos20.0 研究软件对整个量表进行验证性因子分析，结果如表 5-5 所示，模型整体具有较好的拟合结果，其中，绝对拟合指数 χ^2/df 为 2.264，介于 1 至 3 之间；均方根残差 RMR 为 0.042，小于 0.05；相对拟合指数 CFI 为 0.928，大于 0.9；均值误差平方根 $RMSEA$ 为 0.062，小于 0.08。拟合优度在可接受范围内，表明模型的结构是合理的。

表 5-5　验证性因子分析拟合优度检验结果

拟合指数	x^2/df	RMR	RMSEA	IFI	TLI	CFI
系数	2.264	0.042	0.062	0.928	0.917	0.928

5.2.4　区分效度检验

通过验证性因子分析检验数据的区分效度，结果见表 5-6。将本研究的理论模型作为基准模型，共有 7 个因子，分别为承诺型人力资源归因、控制型人力资源归因、知识共享态度、知识共享主观规范、知识共享知觉行为控制、知识共享意愿和知识共享行为。在此基础上，通过合并潜变量获得 13 个备选模型：模型 1 将所有 7 个变量合并为一个因子；模型 2 将承诺型和控制型人力资源归因，以及知识共享态度、主观规范和知觉行为控制合并为一个因子，将知识共享意愿和知识共享行为合并为一个因子；模型 3 将知识共享行为设为一个因子，其余变量合并为一个因子；模型 4 将承诺型和控制型人力资源归因合并为一个因子，其余变量合并为一个因子；模型 5 将承诺型和控制型人力资源归因合并为一个因子，知识共享态度、主观规范、知觉行为控制合并为一个因子；模型 6 将承诺型和控制型人力资源归因合并为一个因子，知识共享意愿和知识共享行为单独设为一个因子，并将其余变量合并为一个因子；模型 7 将承诺型和控制型人力资源归因合并为一个因子，知识共享态度、主观规范、知觉行为控制合并为一个因子，将知识共享意愿和行为合并为一个因子；模型 8 将承诺型和控制型人力资源归因合并为一个因子，知识共享态度、主观规范和知觉行为控制合并为一个因子；模型 9 将承诺型和控制型人力资源归因合并为一个因子，知识共享态度和主观规范合并为一个因子，将知识共享知觉行为控制和意愿合并为一个因子；模型 10 将知识共享态度、主观规范和知觉行为控制合并为一个因子；模型 11 将知识共享态度和主观规范合并为一个因子，知识共享意愿和行为合并为一个因子；模型 12 将知识共享态度和主观规范合并为一个因子；模型 13 将知识共享意愿和行为合并为一个因子。通过各模型的检验结果可以看出，基准模型的匹配指数最好，说明本研究中 7 个变量之间的区分效度较好。

表 5-6　测量模型的验证性因子分析结果

模型	因子结构	χ^2/df	RMSEA	CFI	IFI	TLI	RMR
模型 1	单因子	9.912	0.317	0.455	0.460	0.414	0.110
模型 2	双因子 1	8.900	0.156	0.519	0.481	0.489	0.123
模型 3	双因子 2	8.748	0.154	0.530	0.532	0.491	0.108
模型 4	双因子 3	8.346	0.150	0.554	0.556	0.517	0.076
模型 5	三因子 1	7.208	0.138	0.625	0.627	0.592	0.072
模型 6	三因子 2	7.552	0.142	0.605	0.607	0.569	0.116
模型 7	三因子 3	7.002	0.136	0.638	0.640	0.605	0.072
模型 8	四因子 1	5.672	0.120	0.720	0.722	0.693	0.070
模型 9	四因子 2	5.596	0.119	0.725	0.727	0.698	0.078
模型 10	五因子 1	4.626	0.105	0.786	0.787	0.762	0.055
模型 11	五因子 2	4.829	0.108	0.774	0.775	0.748	0.065
模型 12	六因子 1	3.473	0.087	0.856	0.857	0.837	0.063
模型 13	六因子 2	3.653	0.090	0.845	0.847	0.826	0.046
基准模型	七因子	2.264	0.062	0.928	0.928	0.917	0.042

5.3　同源方法检验

由于本研究样本数据均来自员工个体，通过程序控制和统计检验的方法（Podsakoff et al., 2003）避免和控制同源方法偏差。从程序上看，本研究分三个阶段分别收集自变量（即承诺型和控制型人力资源归因）、中介变量（即知识共享态度、知识共享主观规范、知识共享知觉行为控制和知识共享意愿）和结果变量（即知识共享行为），每个阶段间隔两周。同时，问卷强调保密性和科学研究的目的性，进一步确保被访谈者可以如实作答。

在统计上，通过 Harman 单因素法对量表中关键变量做了因子分析，共产生 7 个关键因子，解释了总方差的 71.028%，其中第一个因子解释了 32.051%，不占大多数，表明同源误差对本研究的影响较小。此外，本研究对 7 个量表的样本数据进行单因子模型验证性分析，结果显示，绝对拟合指数 x^2/df 为 9.912，均方根残差 RMR 值为 0.110，相对拟合指数 CFI 为 0.455，均值误差平方根 $RMSEA$ 为 0.317，拟合结果很差，表明样本的同源偏差问题并不严重。

5.4 描述性统计与相关分析

下一步对样本进行描述性统计与相关分析，结果见表 5-7。其中，承诺型人力资源归因与知识共享行为的相关系数 $r=0.241$，$p<0.01$；控制型人力资源归因与知识共享行为的相关系数 $r=-0.356$，$p<0.01$。变量之间的相关系数及显著性为本研究所提假设的后续验证提供了初步支持基础。

5.5 假设验证

5.5.1 主效应的检验

本研究采用 SPSS20.0 数据处理软件进行分层线性回归检验主效应，即假设 H1a 和 H1b，先以知识共享行为为因变量，并将性别、年龄、教育程度和工作年限作为控制变量放在第一层，再分别将承诺型人力资源归因和控制型人力资源归因作为自变量放在第二层，分别构建模型 M1 和 M2。

表 5-7 描述性统计分析与相关分析结果

	Mean	SD	1	2	3	4	5	6	7	8	9	10	11
1. 性别	1.630	0.484	1										
2. 年龄	2.970	0.901	-0.134*	1									
3. 教育水平	4.000	0.457	-0.028	-0.127*	1								
4. 工作年限	3.420	1.368	-0.100	0.878**	-0.098	1							
5. 承诺型 HRA	2.070	0.572	0.091	0.071	-0.073	0.005	1						
6. 控制型 HRA	3.307	0.875	0.075	-0.053	-0.054	-0.048	-0.056	1					
7. 知识共享态度	1.730	0.629	-0.014	0.024	0.001	0.020	0.244**	-0.314**	1				
8. 知识共享主观规范	1.932	0.566	0.096	0.001	0.006	0.001	0.311**	-0.105*	0.436**	1			
9. 知识共享知觉行为控制	1.904	0.580	0.138*	-0.034	0.001	-0.074	0.277**	-0.137**	0.385**	0.368**	1		
10. 知识共享意愿	1.644	0.610	0.048	0.064	-0.051	0.052	0.272**	-0.427**	0.467**	0.386**	0.456**	1	
11. 知识共享行为	1.642	0.580	-0.034	0.131*	-0.012	0.099	0.241**	-0.356**	0.475**	0.403**	0.441**	0.625**	1

注：N=327；性别，1=男，2=女，3=其他；年龄，1=23 岁及以下，2=23~30 岁，3=31~40 岁，4=41~50 岁，5=51 岁及以上；教育水平，1=初中及以下，2=中专或大专，3=本科，4=硕士及以上；工作年限 1=2 年及以下，2=3~6 年，3=7~9 年，4=10~15 年，5=15 年及以上。* 表示 $p<0.05$，** 表示 $p<0.01$。

结果显示，M1 模型拟合程度较好（$F=5.053$，$p<0.001$），共解释知识共享行为 7.300% 的变异量。承诺型人力资源归因的标准化回归系数为 0.237（$p<0.001$），表明承诺型人力资源归因对知识共享行为具有显著正向影响，即员工对公司人力资源管理政策做出承诺型感知的程度越高，越能够与其他员工进行知识共享。因此，假设 H1a 得到验证。

M2 结果显示，模型拟合程度较好（$F=10.500$，$p<0.01$），共解释知识共享行为 14.100% 的变异量。承诺型人力资源归因的标准化回归系数为 -0.351（$p<0.001$），表明控制型人力资源归因对知识共享行为具有显著负向影响，即员工对公司人力资源管理政策做出控制型感知的程度越高，与其他员工进行知识共享的程度就越低。因此，假设 H1b 得到验证（见表 5-8）。

表 5-8　人力资源归因对知识共享行为的检验结果

变量	模型 M1	模型 M2
控制变量		
性别	-0.04	0.008
年龄	0.118	0.175
教育程度	0.019	-0.015
工作年限	-0.008	-0.072
自变量		
承诺型 HRA	0.237 ***	
控制型 HRA		-0.351 ***
R^2	0.073	0.141
ΔR^2	0.054	0.122
F	5.053 ***	10.500 **

注：* 表示在 0.05 水平（双侧）上显著相关，** 表示在 0.01 水平（双侧）上显著相关，*** 表示在 0.001 水平（双侧）上显著相关。以上系数均为标准化系数。

5.5.2 直接效应及中介效应的检验

本研究涉及直接效应检验通过多层线性回归的方法进行，中介效应检验采用 Baron 和 Kenny（1986）提出的方法进行。该方法分为三步，第一步检验自变量对因变量的直接效应是否显著，第二步检验自变量对中介变量的直接效应是否显著，第三步检验自变量和中介变量同时作用于因变量时，中介变量是否存在显著影响作用。第三步中，如果中介变量对因变量有显著影响作用，则考察此时自变量对因变量的影响作用是否显著，若显著，为部分中介效应；若不显著，为完全中介效应。此外，本研究还采用偏差矫正的 Bootstrap 方法来检验各中介效应的稳定性，Bootstrap 重复抽样次数为 5 000 次。

5.5.2.1 知识共享态度在人力资源归因对知识共享意愿影响中的中介作用检验

第一步，以知识共享意愿为因变量，分别以承诺型人力资源归因和控制型人力资源归因为自变量，以性别、年龄、教育程度和工作年限为控制变量，构建模型 M3 和 M4（见表 5-9）进行回归分析。结果显示，模型 M3 的 F 值显著（$F=5.447$，$p<0.001$），模型拟合程度很好，承诺型人力资源归因对知识共享意愿有显著正向影响（$\beta = 0.268$，$p<0.001$），共解释知识共享意愿 7.800% 的变异量；模型 M4 的 F 值显著（$F=15.675$，$p<0.001$），模型拟合程度很好，控制型人力资源归因对知识共享意愿有显著负向影响（$\beta=-0.435$，$p<0.001$），共解释知识共享意愿 19.600% 的变异量，因此，假设 H5a 和 H5b 均得到支持。

第二步，以知识共享态度为因变量，分别以承诺型人力资源归因和控制型人力资源归因为自变量，以性别、年龄、教育程度和工作年限为控制变量，构建模型 M5 和 M6（见表 5-9）进行回归分析。结果显示，模型 M5 的 F 值显著（$F=4.256$，$p<0.01$），模型拟合程度很好，承诺型人力资源归因对知识共享态度具有显著正向影响（$\beta = 0.252$，

$p<0.01$），共解释知识共享态度6.200%的变异量；模型M6的F值显著（$F=7.070$，$p<0.001$），模型拟合程度很好，控制型人力资源归因对知识共享态度具有显著负向影响（$\beta=-0.316$，$p<0.001$），共解释知识共享态度9.900%的变异量。因此，假设H2a和H2b均得到支持。

第三步，分别检验承诺型人力资源归因和知识共享态度，以及控制型人力资源归因和知识共享态度对知识共享意愿的影响，构建模型M7和M8（见表5-9）。结果显示，根据模型M7，中介变量知识共享态度对知识共享意愿有显著正向影响（$\beta=0.427$，$p<0.001$），而自变量承诺型人力资源归因对因变量知识共享意愿的影响效应显著降低（$\beta=0.160$，$p<0.01$），表明知识共享态度在承诺型人力资源归因对知识共享意愿的影响中起部分中介作用。根据模型M8，中介变量知识共享态度对知识共享意愿有显著正向影响（$\beta=0.366$，$p<0.001$），而自变量控制型人力资源归因对因变量知识共享意愿的影响效应显著降低（$\beta=-0.319$，$p<0.001$），表明知识共享态度在控制型人力资源归因对知识共享意愿的影响中起部分中介作用。

表5-9 知识共享态度作为中介变量的回归分析结果

变量	知识共享意愿		知识共享态度		知识共享意愿	
	M3	M4	M5	M6	M7	M8
控制变量						
性别	0.028	0.085	-0.037	0.010	0.044	0.081
年龄	0.003	0.065	-0.049	0.014	0.024	0.060
教育程度	-0.026	-0.067	0.017	-0.016	-0.033	-0.061
工作年限	0.048	-0.024	0.059	-0.008	0.023	-0.021
自变量						
承诺型HRA	0.268***		0.252***		0.160**	
控制型HRA		-0.435***		-0.316***		-0.319***
中介变量						

续表

变量	知识共享意愿		知识共享态度		知识共享意愿	
	M3	M4	M5	M6	M7	M8
知识共享态度					0.427***	0.366***
R^2	0.078	0.196	0.062	0.099	0.249	0.317
ΔR^2	0.069	0.187	0.061	0.098	0.240	0.308
F	5.447***	15.675***	4.256**	7.070***	17.710***	24.766***

注：*表示在0.05水平（双侧）上显著相关，**表示在0.01水平（双侧）上显著相关，***表示在0.001水平（双侧）上显著相关。以上系数均为标准化系数。

为进一步检验知识共享态度中介作用的稳定性，以知识共享意愿为因变量，分别以承诺型人力资源归因和控制型人力资源归因为自变量，以知识共享态度为中介变量，以性别、年龄、教育程度和工作年限为控制变量，使用Process程序中的Model 4对中介效应进行Bootstrap检验。结果显示如下：

承诺型人力资源归因对知识共享意愿的直接效应值为0.170，标准差（SE）为0.054，T值为3.142，P值小于0.01，置信区间为[0.064，0.277]，表明承诺型人力资源归因对知识共享意愿有显著直接影响；承诺型人力资源归因对知识共享意愿的间接效应值为0.115，Boot SE值为0.035，Boot LLCI为0.052，Boot ULCI为0.190，未过0，表明知识共享态度能够部分中介承诺型人力资源归因对知识共享意愿的预测作用（见表5-10）。

控制型人力资源归因对知识共享意愿的直接效应值为-0.223，标准差（SE）为0.034，T值为-6.529，P值小于0.001，置信区间为[-0.290，-0.156]，表明控制型人力资源归因对知识共享意愿有显著直接影响；控制型人力资源归因对知识共享意愿的间接效应值为-0.081，Boot SE值为0.021，Boot LLCI为-0.125，Boot ULCI为-0.044，未过0，表明知识共享态度能够部分中介控制型人力资源归因对知识共享意愿的预测作用（见表 5-10）。

因此，假设 H7a 和 H7b 均得到支持。

表 5-10 知识共享态度中介效应 Bootstrap 检验

因变量	中介变量	自变量	效应值	Boot SE	Boot LLCI	Boot ULCI
知识共享意愿	知识共享态度	承诺型 HRA	0.115	0.035	0.052	0.190
		控制型 HRA	−0.081	0.021	−0.125	−0.044

5.5.2.2 知识共享主观规范在人力资源归因对知识共享意愿影响中的中介作用检验

第一步，检验人力资源归因对知识共享意愿的影响。根据先前的研究，承诺型人力资源归因对知识共享意愿有显著正向影响（$\beta = 0.268$，$p<0.001$），控制型人力资源归因对知识共享意愿有显著负向影响（$\beta = -0.435$，$p<0.001$）（见表 5-11）。

第二步，以知识共享主观规范为因变量，分别以承诺型人力资源归因和控制型人力资源归因为自变量，以性别、年龄、教育程度和工作年限为控制变量，构建模型 M9 和 M10（见表 5-11）进行回归分析。结果表明，模型 M9 的 F 值显著（$F=7.443$，$p<0.01$），模型拟合程度很好，承诺型人力资源归因对知识共享主观规范具有显著正向影响（$\beta = 0.313$，$p<0.001$），共解释知识共享主观规范 10.400% 的变异量；M10 的 F 值不显著（$F=1.330$，$p>0.05$），模型拟合程度较差，控制型人力资源归因对知识共享主观规范没有显著负向影响（$\beta = -0.105$，$p>0.05$）。因此，假设 H3a 得到支持，而假设 H3b 未能得到支持。

第三步，由于控制型人力资源归因对知识共享主观规范的作用未被检验，因此，本步骤仅检验承诺型人力资源归因和知识共享主观规范对知识共享意愿的影响，构建模型 M11（见表 5-11）。结果显示，中介变量知识共享主观规范对知识共享意愿有显著正向影响（$\beta = 0.335$，$p<0.001$），而自变量承诺型人力资源归因对因变量知识共享意愿的影

响效应显著降低（$\beta=0.163$，$p<0.01$），表明知识共享主观规范在承诺型人力资源归因对知识共享意愿的影响中起部分中介作用。

表 5-11　知识共享主观规范作为中介变量的回归分析结果

变量	知识共享意愿 M3	M4	知识共享主观规范 M9	M10	知识共享意愿 M11
控制变量					
性别	0.028	0.085	0.065	0.105	0.006
年龄	0.003	0.065	−0.077	0.012	0.029
教育程度	−0.026	−0.067	0.028	0.004	−0.035
工作年限	0.048	−0.024	0.076	−0.004	0.022
自变量					
承诺型 HRA	0.268***		0.313***		0.163**
控制型 HRA		−0.435***		−0.105	
中介变量					
知识共享主观规范					0.335***
R^2	0.078	0.196	0.104	0.020	0.179
ΔR^2	0.069	0.187	0.094	0.011	0.170
F	5.447***	15.675***	7.443**	1.330	11.629***

注：* 表示在 0.05 水平（双侧）上显著相关，** 表示在 0.01 水平（双侧）上显著相关，*** 表示在 0.001 水平（双侧）上显著相关。以上系数均为标准化系数。

为进一步检验知识共享主观规范中介作用的稳定性，以知识共享意愿为因变量，分别以承诺型人力资源归因和控制型人力资源归因为自变量，知识共享主观规范为中介变量，以性别、年龄、教育程度和工作年限为控制变量，使用 Process 程序中的 Model 4 对中介效应进行 Bootstrap 检验。结果显示如下：

承诺型人力资源归因对知识共享意愿的直接效应值为 0.174，标准差（SE）为 0.058，T 值为 3.002，P 值小于 0.01，置信区间为 [0.060，0.287]，表明承诺型人力资源归因对知识共享意愿有显著直接影响。承诺型人力资源归因对知识共享意愿的间接效应值为 0.112，Boot SE 值为 0.032，Boot LLCI 为 0.057，Boot ULCI 为 0.179，未过 0，表明知识共享主观规范能够部分中介承诺型人力资源归因对知识共享意愿的预测作用（见表 5-12），因此，假设 H9a 得到验证。

控制型人力资源归因对知识共享意愿的直接效应值为 -0.278，标准差（SE）为 0.033，T 值为 -8.511，P 值小于 0.001，置信区间为 [-0.343, -0.214]，表明控制型人力资源归因对知识共享意愿有显著直接影响。控制型人力资源归因对知识共享意愿的间接效应值为 -0.025，Boot SE 值为 0.014，Boot LLCI 为 -0.156，Boot ULCI 为 0.001，已过 0，表明知识共享主观规范不能中介控制型人力资源归因对知识共享意愿的预测作用（见表 5-12），因此，结合先前的三步法检验结果，假设 H9b 未能得到支持。

表 5-12　知识共享主观规范中介效应 Bootstrap 检验

因变量	中介变量	自变量	效应值	Boot SE	Boot LLCI	Boot ULCI
知识共享意愿	知识共享主观规范	承诺型 HRA	0.112	0.032	0.057	0.179
		控制型 HRA	-0.025	0.014	-0.156	0.001

5.5.2.3　知识共享知觉行为控制在人力资源归因对知识共享意愿影响中的中介作用检验

第一步，检验人力资源归因对知识共享意愿的影响。根据先前的研究，承诺型人力资源归因对知识共享意愿有显著正向影响（$\beta=0.268$，$p<0.001$），控制型人力资源归因对知识共享意愿有显著负向影响（$\beta=-0.435$，$p<0.001$）（见表 5-13）。

第二步，以知识共享知觉行为控制为因变量，分别以承诺型人力资源归因和控制型人力资源归因为自变量，以性别、年龄、教育程度和工作年限为控制变量，构建模型 M12 和 M13（见表 5-13）进行回归分析。结果表明，模型 M12 的 F 值显著（$F=6.773$，$p<0.001$），模型拟

合程度很好，承诺型人力资源归因对知识共享知觉行为控制具有显著正向影响（$\beta=0.262$，$p<0.001$），共解释知识共享知觉行为控制9.500%的变异量；模型M13的F值显著（$F=3.469$，$p<0.01$），模型拟合程度很好，控制型人力资源归因对知识共享知觉行为控制具有显著负向影响（$\beta=-0.150$，$p<0.01$），共解释知识共享知觉行为控制5.100%的变异量，因此，假设H4a和H4b均得到支持。

第三步，分别检验承诺型人力资源归因和知识共享知觉行为控制，以及控制型人力资源归因和知识共享知觉行为控制对知识共享意愿的影响，构建模型M14和M15（见表5-13）。结果显示，根据模型M14，中介变量知识共享知觉行为控制对知识共享意愿有显著正向影响（$\beta=0.422$，$p<0.001$），而自变量承诺型人力资源归因对因变量知识共享意愿的影响效应显著降低（$\beta=0.157$，$p<0.01$），表明知识共享知觉行为控制在承诺型人力资源归因对知识共享意愿的影响中起部分中介作用。根据模型M15，中介变量知识共享知觉行为控制对知识共享意愿有显著正向影响（$\beta=0.406$，$p<0.001$），而自变量控制型人力资源归因对因变量知识共享意愿的影响效应显著降低（$\beta=-0.374$，$p<0.001$），表明知识共享知觉行为控制在控制型人力资源归因对知识共享意愿的影响中起部分中介作用。

表5-13　知识共享知觉行为控制作为中介变量的回归分析结果

变量	知识共享意愿		知识共享知觉行为控制		知识共享意愿	
	M3	M4	M12	M13	M14	M15
控制变量						
性别	0.028	0.085	0.113	0.150**	-0.020	0.024
年龄	0.003	0.065	0.087	0.159	-0.034	0.000
教育程度	-0.026	-0.067	0.020	-0.004	-0.034	-0.065
工作年限	0.048	-0.024	-0.138	-0.207*	0.106	0.060
自变量						

续表

变量	知识共享意愿		知识共享知觉行为控制		知识共享意愿	
	M3	M4	M12	M13	M14	M15
承诺型 HRA	0.268***		0.262***		0.157**	
控制型 HRA		-0.435***		-0.150**		-0.374***
中介变量						
知识共享知觉行为控制					0.422***	0.406***
R^2	0.078	0.196	0.095	0.051	0.239	0.353
ΔR^2	0.069	0.187	0.067	0.022	0.230	0.343
F	5.447***	15.675***	6.773***	3.469**	16.796***	29.042***

注：*表示在0.05水平（双侧）上显著相关，**表示在0.01水平（双侧）上显著相关，***表示在0.001水平（双侧）上显著相关。以上系数均为标准化系数。

为进一步检验知识共享知觉行为控制中介作用的稳定性，以知识共享意愿为因变量，分别以承诺型人力资源归因和控制型人力资源归因为自变量，知识共享知觉行为控制为中介变量，以性别、年龄、教育程度和工作年限为控制变量，使用 Process 程序中的 Model 4 对中介效应进行 Bootstrap 检验。结果显示如下：

承诺型人力资源归因对知识共享意愿的直接效应值为0.167，标准差（SE）为0.055，T值为3.050，P值小于0.01，置信区间为[0.060, 0.275]，表明承诺型人力资源归因对知识共享意愿有显著直接影响；承诺型人力资源归因对知识共享意愿的间接效应值为0.118，Boot SE 值为0.041，Boot LLCI 为0.047，Boot ULCI 为0.206，未过0，表明知识共享知觉行为控制能够部分中介承诺型人力资源归因对知识共享意愿的预测作用（见表5-14）。

控制型人力资源归因对知识共享意愿的直接效应值为-0.261，标准差（SE）为0.032，T值为-8.174，P值小于0.001，置信区间为[-0.324, -0.198]，表明控制型人力资源归因对知识共享意愿有显著直接影响；控制型人力资源归因对知识共享意愿的间接效应值为 -0.043，Boot SE 值为 0.019，Boot LLCI 为 -0.083，Boot ULCI 为 -0.009，未过 0，表明知识共享知觉行为控制能够部分中介控制型人力资源归因对知识共享意愿的预测作用（见表 5-14）。

因此，假设 H11a 和 H11b 均得到支持。

表 5-14　知识共享知觉行为控制中介效应 Bootstrap 检验

因变量	中介变量	自变量	效应值	Boot SE	Boot LLCI	Boot ULCI
知识共享意愿	知识共享知觉行为控制	承诺型 HRA	0.118	0.041	0.047	0.206
		控制型 HRA	-0.043	0.019	-0.083	-0.009

5.5.2.4　知识共享意愿在知识共享态度对知识共享行为影响中的中介作用检验

第一步，以知识共享行为为因变量，以知识共享态度为自变量，以性别、年龄、教育程度和工作年限为控制变量，构建模型 M16（见表 5-15）进行回归分析。结果表明，模型 M16 的 F 值显著（$F=20.425$，$p<0.001$），模型拟合程度很好，知识共享态度对知识共享行为有显著正向影响（$\beta=0.472$，$p<0.001$），共解释知识共享行为 24.100% 的变异量，因此，假设 H13 得到支持。

第二步，以知识共享意愿为因变量，以知识共享态度为自变量，构建模型 M17（见表 5-15）进行回归分析。结果表明，模型 M17 的 F 值显著（$F=18.759$，$p<0.001$），模型拟合程度很好，知识共享态度对知识共享意愿具有显著正向影响（$\beta=0.466$，$p<0.001$），共解释知识共享意愿 22.600% 的变异量，因此，假设 H6 得到支持。

第三步，检验知识共享态度和知识共享意愿对知识共享行为的影响，构建模型 M18（见表 5-15）。结果显示，中介变量知识共享意愿对知识共享行为有显著正向影响（$\beta=0.514$，$p<0.001$），而自变量知识共享态度对因变量知识共享行为的影响效应显著降低（$\beta=0.233$，

$p<0.01$），表明知识共享意愿能够部分中介知识共享态度对知识共享行为的影响作用。

表 5-15　知识共享意愿对知识共享态度和知识共享行为中介作用的回归分析结果

变量	知识共享行为 M16	知识共享意愿 M17	知识共享行为 M18
控制变量			
性别	−0.011	0.061	−0.042
年龄	0.177	0.071	0.140
教育程度	0.004	−0.042	0.026
工作年限	−0.066	−0.018	−0.057
自变量			
知识共享态度	0.472***	0.466***	0.233**
中介变量			
知识共享意愿			0.514***
R^2	0.241	0.226	0.445
ΔR^2	0.223	0.217	0.427
F	20.425***	18.759***	42.837***

注：*表示在 0.05 水平（双侧）上显著相关，**表示在 0.01 水平（双侧）上显著相关，***表示在 0.001 水平（双侧）上显著相关。以上系数均为标准化系数。

为进一步检验中介作用的稳定性，以知识共享行为为因变量，以知识共享态度为自变量，以知识共享意愿为中介变量，以性别、年龄、教育程度和工作年限为控制变量，使用 Process 程序中的 Model 4 对中介效应进行 Bootstrap 检验。结果显示，知识共享态度对知识共享行为的直接效应值为 0.214，标准差（SE）为 0.043，T 值为 4.941，P 值小于 0.001，置信区间为 [0.129, 0.300]，表明知识共享态度对知识共享行为有显著直接影响；知识共享态度对知识共享行为的间接效应值为 0.220，Boot SE 值为 0.044，Boot LLCI 为 0.142，Boot ULCI 为 0.317，未过 0，表明知识共享意愿能够部分中介知识共享态度对知识共享行为的预测作用（见表 5-16），因此，假设 H14 得到验证。

表 5-16　知识共享意愿对知识共享态度和知识共享行为

中介效应 Bootstrap 检验

因变量	中介变量	自变量	效应值	Boot SE	Boot LLCI	Boot ULCI
知识共享行为	知识共享意愿	知识共享态度	0.220	0.044	0.142	0.317

5.5.2.5　知识共享意愿在知识共享主观规范对知识共享行为影响中的中介作用检验

第一步，以知识共享行为为因变量，以知识共享主观规范为自变量，以性别、年龄、教育程度和工作年限为控制变量，构建模型 M19（见表 5-17）进行回归分析。结果表明，模型 M19 的 F 值显著（$F=14.472$，$p<0.001$），模型拟合程度很好，知识共享主观规范对知识共享行为有显著正向影响（$\beta=0.409$，$p<0.001$），共解释知识共享行为 18.400% 的变异量，因此，假设 H15 得到支持。

第二步，以知识共享意愿为因变量，以知识共享主观规范为自变量，构建模型 M20（见表 5-17）进行回归分析。结果表明，模型 M20 的 F 值显著（$F=11.856$，$p<0.001$），知识共享主观规范对知识共享意愿具有显著正向影响（$\beta=0.385$，$p<0.001$），共解释知识共享主观规范 15.600% 的变异量，因此，假设 H8 得到支持。

第三步，检验知识共享主观规范和知识共享意愿对知识共享行为的影响，构建模型 M21（见表 5-17），结果显示，中介变量知识共享意愿对知识共享行为有显著正向影响（$\beta=0.547$，$p<0.001$），而自变量知识共享主观规范对因变量知识共享行为（$\beta=0.198$，$p<0.001$）的影响效应显著降低，表明知识共享意愿在知识共享主观规范对知识共享行为的影响中起部分中介作用。

表 5-17 知识共享意愿对知识共享主观规范和知识共享行为中介作用的回归分析结果

变量	知识共享行为 M19	知识共享意愿 M20	知识共享行为 M21
控制变量			
性别	−0.056	0.018	−0.066
年龄	0.183	0.077	0.141
教育程度	0.001	−0.045	0.026
工作年限	−0.067	−0.019	−0.057
自变量			
知识共享主观规范	0.409***	0.385***	0.198***
中介变量			
知识共享意愿			0.547***
R^2	0.184	0.156	0.436
ΔR^2	0.165	0.147	0.418
F	14.472***	11.856***	41.270***

注：*表示在 0.05 水平（双侧）上显著相关，**表示在 0.01 水平（双侧）上显著相关，***表示在 0.001 水平（双侧）上显著相关。以上系数均为标准化系数。

为进一步检验中介作用的稳定性，以知识共享行为为因变量，以知识共享主观规范为自变量，以知识共享意愿为中介变量，以性别、年龄、教育程度和工作年限为控制变量，使用 Process 程序中的 Model 4 对中介效应进行 Bootstrap 检验，结果显示，知识共享主观规范对知识共享行为的直接效应值为 0.203，标准差（SE）为 0.047，T 值为 4.336，P 值小于 0.001，置信区间为 [0.111, 0.295]，表明知识共享主观规范对知识共享行为有显著直接影响；知识共享主观规范对知识共享行为的间接效应值为 0.216，Boot SE 值为 0.049，Boot LLCI 为 0.131，Boot ULCI 为 0.321，未过 0，表明知识共享意愿能够部分中介知识共享主观规范对知识共享行为的预测作用（见表 5-18），因此，假设 H16 得到验证。

表 5-18 知识共享意愿对知识共享主观规范和知识共享行为
中介效应 Bootstrap 检验

因变量	中介变量	自变量	效应值	Boot SE	Boot LLCI	Boot ULCI
知识共享行为	知识共享意愿	知识共享主观规范	0.216	0.049	0.131	0.321

5.5.2.6 知识共享意愿在知识共享知觉行为控制对知识共享行为影响中的中介作用检验

第一步，以知识共享行为为因变量，以知识共享知觉行为控制为自变量，以性别、年龄、教育程度和工作年限为控制变量，构建模型 M22（见表 5-19）进行回归分析。结果表明，模型 M22 的 F 值显著（$F=18.284$，$p<0.001$），模型拟合程度很好，知识共享知觉行为控制对知识共享行为有显著正向影响（$\beta=0.457$，$p<0.001$），共解释知识共享行为 22.200% 的变异量，因此，假设 H17 得到支持。

第二步，以知识共享意愿为因变量，以知识共享知觉行为控制为自变量构建模型 M23（见表 5-19）进行回归分析。结果表明，模型 M23 的 F 值显著（$F=17.833$，$p<0.001$），模型拟合程度很好，知识共享知觉行为控制对知识共享意愿具有显著正向影响（$\beta=0.463$，$p<0.001$），共解释知识共享意愿 21.700% 的变异量，因此，假设 H10 得到支持。

第三步，检验知识共享知觉行为控制和知识共享意愿对知识共享行为的影响，构建模型 M24（见表 5-19）。结果显示，中介变量知识共享意愿对知识共享行为有显著正向影响（$\beta=0.526$，$p<0.001$），而自变量知识共享知觉行为控制对因变量知识共享行为（$\beta=0.214$，$p<0.001$）的影响效应显著降低，表明知识共享意愿在知识共享知觉行为控制对知识共享行为的影响中起部分中介作用。

表 5-19　知识共享意愿对知识共享知觉行为控制
和知识共享行为中介作用的回归分析结果

变量	知识共享行为 M22	知识共享意愿 M23	知识共享行为 M24
控制变量			
性别	−0.080	−0.009	−0.075
年龄	0.114	0.007	0.110
教育程度	0.003	−0.043	0.026
工作年限	0.025	0.075	−0.014
自变量			
知识共享知觉行为控制	0.457***	0.463***	0.214***
中介变量			
知识共享意愿			0.526***
R^2	0.222	0.217	0.438
ΔR^2	0.203	0.208	0.420
F	18.284***	17.833***	41.592***

注：*表示在 0.05 水平（双侧）上显著相关，**表示在 0.01 水平（双侧）上显著相关，***表示在 0.001 水平（双侧）上显著相关。以上系数均为标准化系数。

为进一步检验知识共享意愿中介作用的稳定性，以知识共享行为为因变量，以知识共享知觉行为控制为自变量，以知识共享意愿为中介变量，以性别、年龄、教育程度和工作年限为控制变量，使用 Process 程序中的 Model 4 对中介效应进行 Bootstrap 检验。结果显示，知识共享知觉行为控制对知识共享行为的直接效应值为 0.214，标准差（SE）为 0.048，T 值为 4.467，P 值小于 0.001，置信区间为 [0.120, 0.308]，表明知识共享知觉行为控制对知识共享行为有显著直接影响；知识共享知觉行为控制对知识共享行为的间接效应值为 0.243，Boot SE 值为 0.053，Boot LLCI 为 0.148，Boot ULCI 为 0.355，未过 0，表明知识共享意愿能够部分中介知识共享知觉行为控制对知识共享行为的预测作用

(见表5-20),因此,假设H18得到验证。

表5-20 知识共享意愿对知识共享知觉行为控制和知识共享行为中介效应Bootstrap检验

因变量	中介变量	自变量	效应值	Boot SE	Boot LLCI	Boot ULCI
知识共享行为	知识共享意愿	知识共享知觉行为控制	0.243	0.053	0.148	0.355

此外,为检验假设H12,本研究采用SPSS20.0数据处理软件进行分层线性回归。以知识共享行为为因变量,并将性别、年龄、教育程度和工作年限作为控制变量放在第一层,再将知识共享意愿作为自变量放在第二层,构建模型M25(见表5-21)。结果显示,F值显著($F=43.359, p<0.001$),表明模型拟合程度很好,共解释知识共享意愿40.300%的变异量,表明知识共享意愿能够正向预测知识共享行为,即员工对进行知识共享的意愿越强烈,越能更多地做出知识共享行为,因此,假设H12得到支持。

表5-21 知识共享意愿对知识共享行为作用的回归分析结果

变量	知识共享行为
	M25
控制变量	
性别	−0.050
年龄	0.138
教育程度	0.031
工作年限	−0.056
自变量	
知识共享意愿	0.623***
R^2	0.403
ΔR^2	0.385
F	43.359***

注:*表示在0.05水平(双侧)上显著相关,**表示在0.01水平(双侧)上显著相关,***表示在0.001水平(双侧)上显著相关。以上系数均为标准化系数。

5.5.3 连续中介效应的检验

本研究采用 Hayes 开发的 Process V3.2 程序中的 Model 6 以及偏差校正 Bootstrap 方法检验先前研究中所推导的连续中介效应，Bootstrap 重复抽样次数为 5 000 次。

5.5.3.1 知识共享态度和知识共享意愿在人力资源归因对知识共享行为影响中的连续中介作用检验

为检验假设 H19a，以知识共享行为为因变量，以承诺型人力资源归因为自变量，以知识共享态度和知识共享意愿为中介变量，以性别、年龄、教育程度和工作年限为控制变量，结果显示，承诺型人力资源归因对知识共享行为的直接效应值为 0.046，标准差（SE）为 0.045，T 值为 1.019，P 值为 0.309，大于 0.05，置信区间为 [-0.043, 0.134]，表明在该连续中介模型中，承诺型人力资源归因对知识共享行为的直接影响效应不显著（见表 5-22）。

表 5-22 知识共享态度和知识共享意愿的连续中介作用的直接效应检验

路径	效应值	SE	T	P	Boot LLCI	Boot ULCI
承诺型 HRA→知识共享行为	0.046	0.045	1.019	0.309	-0.043	0.134
控制型 HRA→知识共享行为	-0.045	0.031	-1.458	0.146	-0.106	0.016

承诺型人力资源归因──→知识共享态度──→知识共享行为的间接效应值为 0.058，Boot SE 值为 0.023，偏差矫正的置信区间为 [0.021, 0.109]；承诺型人力资源归因──→知识共享意愿──→知识共享行为的间接效应值为 0.082，Boot SE 值为 0.032，偏差矫正的置信区间为 [0.026, 0.151]；承诺型人力资源归因──→知识共享态度──→知识共享意愿──→知识共享行为的间接效应值为 0.055，Boot SE 值为 0.018，偏差矫正的置信区间为 [0.024, 0.097]。上述间接效应的置信区间均不过 0，这三个间接效应均得到支持。总间接效应为 0.195，Boot SE 值为

0.051，偏差矫正的置信区间为 [0.101, 0.300]，总间接效应的置信区间未过 0，总间接效应得到验证（见表 5-23）。

根据上述分析结果，得出知识共享态度和知识共享意愿能够完全连续中介承诺型人力资源归因对知识共享行为的预测作用，因此，假设 H19a 得到支持。

表 5-23　知识共享态度和知识共享意愿的连续中介作用的间接效应检验

路径	效应值	Boot SE	Boot LLCI	Boot ULCI
承诺型 HRA ——→知识共享态度——→知识共享行为	0.058	0.023	0.021	0.109
承诺型 HRA ——→知识共享意愿——→知识共享行为	0.082	0.032	0.026	0.151
承诺型 HRA ——→知识共享态度——→知识共享意愿——→知识共享行为	0.055	0.018	0.024	0.097
承诺型 HRA 对知识共享行为的总间接效应	0.195	0.051	0.101	0.300
控制型 HRA ——→知识共享态度——→知识共享行为	-0.047	0.016	-0.083	-0.019
控制型 HRA ——→知识共享意愿——→知识共享行为	-0.103	0.020	-0.146	-0.067
控制型 HRA ——→知识共享态度——→知识共享意愿——→知识共享行为	-0.037	0.012	-0.064	-0.018
控制型 HRA 对知识共享行为的总间接效应	-0.187	0.026	-0.241	-0.140

为检验假设 H19b，以知识共享行为为因变量，以控制型人力资源归因为自变量，以知识共享态度和知识共享意愿为中介变量，以性别、年龄、教育程度和工作年限为控制变量。结果显示，在该连续中介模型中，控制型人力资源归因对知识共享行为的直接效应值为-0.045，标准差（SE）为 0.031，T 值为-1.458，P 值为 0.146，大于 0.05，置信区间为 [-0.106, 0.016]，表明控制型人力资源归因对知识共享行为的直接影响效应不显著。

控制型人力资源归因——→知识共享态度——→知识共享行为的间接效应值为-0.047，Boot SE 值为 0.016，偏差矫正的置信区间为 [-0.083,

-0.019］；控制型人力资源归因——→知识共享意愿——→知识共享行为的间接效应值为-0.103，Boot SE 值为 0.020，偏差矫正的置信区间为［-0.146，-0.067］；控制型人力资源归因——→知识共享态度——→知识共享意愿——→知识共享行为的间接效应值为-0.037，Boot SE 值为0.012，偏差矫正的置信区间为［-0.064，-0.018］。上述间接效应的置信区间均不过 0，这三个间接效应均得到支持。总间接效应为-0.187，Boot SE 值为 0.026，偏差矫正的置信区间为［-0.241，-0.140］，总间接效应的置信区间未过 0，总间接效应得到验证（见表5-23）。

根据上述分析结果，得出知识共享态度和知识共享意愿能够完全连续中介控制型人力资源归因对知识共享行为的预测作用。因此，假设H19b 得到支持。

5.5.3.2 知识共享主观规范和知识共享意愿在人力资源归因对知识共享行为影响中的连续中介作用检验

为检验假设 H20a，以知识共享行为为因变量，以承诺型人力资源归因为自变量，以知识共享主观规范和知识共享意愿为中介变量，以性别、年龄、教育程度和工作年限为控制变量。结果显示，承诺型人力资源归因对知识共享行为的直接效应值为 0.034，标准差（SE）为 0.046，T 值为 0.726，P 值为 0.469，大于 0.05，置信区间为［-0.057，0.124］，表明在该连续中介模型中，承诺型人力资源归因对知识共享行为的直接影响效应不显著（见表5-24）。

表 5-24　知识共享主观规范和知识共享意愿的连续中介作用的直接效应检验

路径	效应值	SE	T	P	Boot LLCI	Boot ULCI
承诺型 HRA ——→知识共享行为	0.034	0.046	0.726	0.469	-0.057	0.124
控制型 HRA ——→知识共享行为	-0.076	0.031	-2.463	0.014	-0.137	-0.015

承诺型人力资源归因——→知识共享主观规范——→知识共享行为的间接效应值为 0.060，Boot SE 值为 0.025，偏差矫正的置信区间为

[0.020, 0.115]；承诺型人力资源归因——→知识共享意愿——→知识共享行为的间接效应值为 0.089, Boot SE 值为 0.041, 偏差矫正的置信区间为 [0.013, 0.175]；承诺型人力资源归因——→知识共享主观规范——→知识共享意愿——→知识共享行为的间接效应值为 0.058, Boot SE 值为 0.018, 偏差矫正的置信区间为 [0.027, 0.099]。上述间接效应的置信区间均不过 0, 这三个间接效应均得到支持。总间接效应为 0.207, Boot SE 值为 0.048, 偏差矫正的置信区间为 [0.117, 0.304], 总间接效应的置信区间未过 0, 总间接效应得到验证（见表 5-25）。

根据上述分析结果，得出知识共享主观规范和知识共享意愿能够完全连续中介承诺型人力资源归因对知识共享行为的预测作用，因此，假设 H20a 得到支持。

表 5-25 知识共享主观规范和知识共享意愿的连续中介作用的间接效应检验

路径	效应值	Boot SE	Boot LLCI	Boot ULCI
承诺型 HRA ——→知识共享主观规范——→知识共享行为	0.060	0.025	0.020	0.115
承诺型 HRA ——→知识共享意愿——→知识共享行为	0.089	0.041	0.013	0.175
承诺型 HRA ——→知识共享主观规范——→知识共享意愿——→知识共享行为	0.058	0.018	0.027	0.099
承诺型 HRA 对知识共享行为的总间接效应	0.207	0.048	0.117	0.304
控制型 HRA ——→知识共享主观规范——→知识共享行为	-0.014	0.009	-0.036	0.001
控制型 HRA ——→知识共享意愿——→知识共享行为	-0.130	0.024	-0.181	-0.088
控制型 HRA ——→知识共享主观规范——→知识共享意愿——→知识共享行为	-0.012	0.007	-0.028	0.001
控制型 HRA 对知识共享行为的总间接效应	-0.157	0.027	-0.213	-0.107

为检验假设 H20b, 以知识共享行为为因变量，以控制型人力资源归因为自变量，以知识共享主观规范和知识共享意愿为中介变量，以性

别、年龄、教育程度和工作年限为控制变量，结果显示，控制型人力资源归因对知识共享行为的直接效应值为-0.076，标准差（SE）为0.031，T值为-2.463，P值为0.014，小于0.05，置信区间为[-0.137，-0.015]，表明在该连续中介模型中，控制型人力资源归因对知识共享行为具有显著直接影响效应。

控制型人力资源归因——→知识共享主观规范——→知识共享行为的间接效应值为-0.014，Boot SE值为0.009，偏差矫正的置信区间为[-0.036，0.001]；控制型人力资源归因——→知识共享意愿——→知识共享行为的间接效应值为-0.130，Boot SE值为0.024，偏差矫正的置信区间为[-0.181，-0.088]；控制型人力资源归因——→知识共享主观规范——→知识共享意愿——→知识共享行为的间接效应值为-0.012，Boot SE值为0.007，偏差矫正的置信区间为[-0.028，0.001]。上述第二个间接效应的置信区间不过0，得到支持，而第一、三个间接效应的置信区间已过0，未得到支持。总间接效应为-0.157，Boot SE值为0.027，偏差矫正的置信区间为[-0.213，-0.107]，总间接效应的置信区间未过0，总间接效应得到验证（见表5-25）。

根据上述分析结果，虽然控制型人力资源归因对知识共享行为的总间接效应得到验证，但是该总间接效应主要来自知识共享意愿的中介作用，而无论是知识共享主观规范自身的中介作用，还是知识共享主观规范和知识共享意愿的连续中介作用，效果都不显著，所以得出结论，即知识共享主观规范和知识共享意愿不能连续中介控制型人力资源归因对知识共享行为的预测作用，因此，假设H20b未能得到支持。

5.5.3.3 知识共享知觉行为控制和知识共享意愿在人力资源归因对知识共享行为影响中的连续中介作用检验

为检验假设H21a，以知识共享行为为因变量，以承诺型人力资源归因为自变量，以知识共享知觉行为控制和知识共享意愿为中介变量，以性别、年龄、教育程度和工作年限为控制变量，结果显示，承诺型人力资源归因对知识共享行为的直接效应值为 0.045，标准差（SE）为 0.045，T 值为 0.999，P 值为 0.319，大于 0.05，置信区间为 [-0.044, 0.135]，表明在该连续中介模型中，承诺型人力资源归因对知识共享行为的直接影响效应不显著（见表 5-26）。

表 5-26　知识共享知觉行为控制和知识共享意愿的连续中介作用的直接效应检验

路径	效应值	SE	T	P	Boot LLCI	Boot ULCI
承诺型 HRA ——→知识共享行为	0.045	0.045	0.999	0.319	-0.044	0.135
控制型 HRA ——→知识共享行为	-0.074	0.031	-2.401	0.017	-0.135	-0.013

承诺型人力资源归因——→知识共享知觉行为控制——→知识共享行为的间接效应值为 0.055，Boot SE 值为 0.024，偏差矫正的置信区间为 [0.014, 0.106]；承诺型人力资源归因——→知识共享意愿——→知识共享行为的间接效应值为 0.082，Boot SE 值为 0.034，偏差矫正的置信区间为 [0.023, 0.154]；承诺型人力资源归因——→知识共享知觉行为控制——→知识共享意愿——→知识共享行为的间接效应值为 0.058，Boot SE 值为 0.022，偏差矫正的置信区间为 [0.021, 0.109]。上述间接效应的置信区间均不过 0，这三个间接效应均得到支持。总间接效应为 0.195，Boot SE 值为 0.052，偏差矫正的置信区间为 [0.097, 0.300]，总间接效应的置信区间未过 0，总间接效应得到验证（见表 5-27）。

表 5-27　知识共享知觉行为控制和知识共享意愿的连续中介作用的间接效应检验

路径	效应值	Boot SE	Boot LLCI	Boot ULCI
承诺型 HRA ——→知识共享知觉行为控制——→知识共享行为	0.055	0.024	0.014	0.106
承诺型 HRA ——→知识共享意愿——→知识共享行为	0.082	0.034	0.023	0.154

续表

路径	效应值	Boot SE	Boot LLCI	Boot ULCI
承诺型 HRA ⟶ 知识共享知觉行为控制 ⟶ 知识共享意愿 ⟶ 知识共享行为	0.058	0.022	0.021	0.109
承诺型 HRA 对知识共享行为的总间接效应	0.195	0.052	0.097	0.300
控制型 HRA ⟶ 知识共享知觉行为控制 ⟶ 知识共享行为	-0.022	0.011	-0.046	-0.004
控制型 HRA ⟶ 知识共享意愿 ⟶ 知识共享行为	-0.118	0.022	-0.165	-0.080
控制型 HRA ⟶ 知识共享知觉行为控制 ⟶ 知识共享意愿 ⟶ 知识共享行为	-0.019	0.010	-0.042	-0.003
控制型 HRA 对知识共享行为的总间接效应	-0.159	0.027	-0.215	-0.109

根据上述分析结果，得出知识共享知觉行为控制和知识共享意愿能够完全连续中介承诺型人力资源归因对知识共享行为的预测作用，因此，假设 H21a 得到支持。

为检验假设 H21b，以知识共享行为为因变量，以控制型人力资源归因为自变量，以知识共享知觉行为控制和知识共享意愿为中介变量，以性别、年龄、教育程度和工作年限为控制变量，结果显示，控制型人力资源归因对知识共享行为的直接效应值为-0.074，标准差（SE）为0.031，T 值为-2.401，P 值为0.017，小于0.05，置信区间为 [-0.135，-0.013]，表明在该连续中介模型中，控制型人力资源归因对知识共享行为有显著直接影响。

控制型人力资源归因 ⟶ 知识共享知觉行为控制 ⟶ 知识共享行为的间接效应值为-0.022，Boot SE 值为0.011，偏差矫正的置信区间为 [-0.046，-0.004]；控制型人力资源归因 ⟶ 知识共享意愿 ⟶ 知识共享行为的间接效应值为-0.118，Boot SE 值为0.022，偏差矫正的置信区间为 [-0.165，-0.080]；控制型人力资源归因 ⟶ 知识共享知觉行为控制 ⟶ 知识共享意愿 ⟶ 知识共享行为的间接效应值为-0.019，Boot SE

值为 0.010,偏差矫正的置信区间为 [-0.042,-0.003]。上述间接效应的置信区间均不过 0,这三个间接效应均得到支持。总间接效应为 -0.159,Boot SE 值为 0.027,偏差矫正的置信区间为 [-0.215,-0.109],总间接效应的置信区间未过 0,总间接效应得到验证(见表 5-27)。

根据上述分析结果,得出知识共享知觉行为控制和知识共享意愿能够部分连续中介控制型人力资源归因对知识共享行为的预测作用,因此,假设 H21b 得到支持。

5.6 假设结论及知识共享路径

5.6.1 假设结论

通过上述分析,研究对最初提出假设有了明确的结论。除假设 H3b、H9b 和 H20b,即"控制型人力资源归因负向影响知识共享的主观规范""控制型人力资源归因能够通过知识共享主观规范的中介作用负向影响知识共享意愿""控制型人力资源归因通过知识共享主观规范和知识共享意愿的连续中介对知识共享行为产生负向影响"三项研究假设未能得到验证,其余假设均得到支持(见表 5-28)。在各项得到验证的连续中介假设中,除假设 H21b,即"控制型人力资源归因通过知识共享知觉行为控制和知识共享意愿的连续中介对知识共享行为产生负向影响"的中介作用为部分中介外,其余均为完全中介作用。

表 5-28 假设检验结果汇总表

序号	假设内容	检验结果
假设 H1a	承诺型人力资源归因正向影响知识共享行为	支持
假设 H1b	控制型人力资源归因负向影响知识共享行为	支持
假设 H2a	承诺型人力资源归因正向影响知识共享态度	支持
假设 H2b	控制型人力资源归因负向影响知识共享态度	支持

续表

序号	假设内容	检验结果
假设 H3a	承诺型人力资源归因正向影响知识共享主观规范	支持
假设 H3b	控制型人力资源归因负向影响知识共享主观规范	不支持
假设 H4a	承诺型人力资源归因正向影响知识共享知觉行为控制	支持
假设 H4b	控制型人力资源归因负向影响知识共享知觉行为控制	支持
假设 H5a	承诺型人力资源归因正向影响知识共享意愿	支持
假设 H5b	控制型人力资源归因负向影响知识共享意愿	支持
假设 H6	知识共享态度能够正向影响知识共享意愿	支持
假设 H7a	承诺型人力资源归因能够通过知识共享态度的中介作用正向影响知识共享意愿	支持
假设 H7b	控制型人力资源归因能够通过知识共享态度的中介作用负向影响知识共享意愿	支持
假设 H8	知识共享主观规范能够正向影响知识共享意愿	支持
假设 H9a	承诺型人力资源归因能够通过知识共享主观规范的中介作用正向影响知识共享意愿	支持
假设 H9b	控制型人力资源归因能够通过知识共享主观规范的中介作用负向影响知识共享意愿	不支持
假设 H10	知识共享知觉行为控制能够正向影响知识共享意愿	支持
假设 H11a	承诺型人力资源归因能够通过知识共享知觉行为控制的中介作用正向影响知识共享意愿	支持
假设 H11b	控制型人力资源归因能够通过知识共享知觉行为控制的中介作用负向影响知识共享意愿	支持
假设 H12	知识共享意愿正向影响知识共享行为	支持
假设 H13	知识共享态度正向影响知识共享行为	支持
假设 H14	知识共享意愿能够中介知识共享态度对知识共享行为的正向影响作用	支持
假设 H15	知识共享主观规范正向影响知识共享行为	支持
假设 H16	知识共享意愿能够中介知识共享主观规范对知识共享行为的正向影响作用	支持
假设 H17	知识共享知觉行为控制正向影响知识共享行为	支持
假设 H18	知识共享意愿能够中介知识共享知觉行为控制对知识共享行为的正向影响作用	支持

续表

序号	假设内容	检验结果
假设 H19a	承诺型人力资源归因通过知识共享态度和知识共享意愿的连续中介作用对知识共享行为产生正向影响	支持
假设 H19b	控制型人力资源归因通过知识共享态度和知识共享意愿的连续中介作用对知识共享行为产生负向影响	支持
假设 H20a	承诺型人力资源归因通过知识共享主观规范和知识共享意愿的连续中介作用对知识共享行为产生正向影响	支持
假设 H20b	控制型人力资源归因通过知识共享主观规范和知识共享意愿的连续中介作用对知识共享行为产生负向影响	不支持
假设 H21a	承诺型人力资源归因通过知识共享知觉行为控制和知识共享意愿的连续中介作用对知识共享行为产生正向影响	支持
假设 H21b	控制型人力资源归因通过知识共享知觉行为控制和知识共享意愿的连续中介作用对知识共享行为产生负向影响	支持

5.6.2 知识共享路径

基于上述分析结果，本研究对假设成立关系进行总体关联性分析，最终形成如图 5-1 的路径结构图。

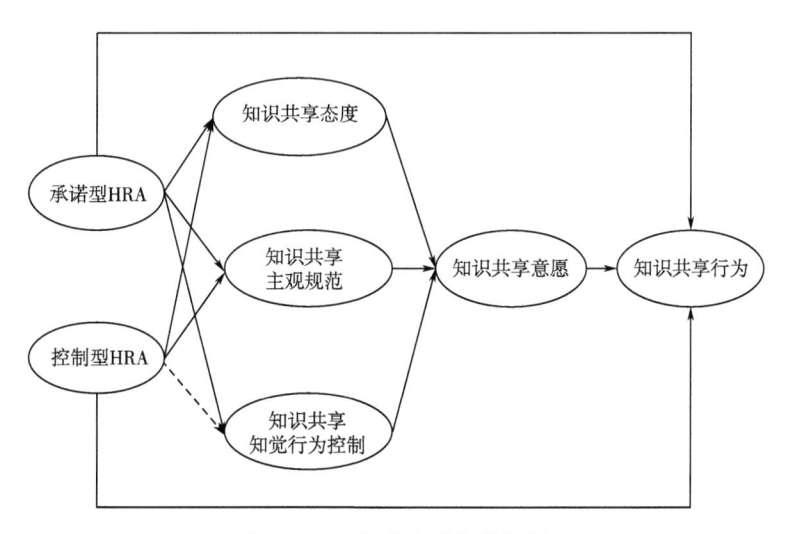

图 5-1 知识共享路径结构图

结合研究分析结果可以清晰地看到，从人力资源归因出发对知识共享行为的影响路径是显著存在的，这种影响路径不仅包括经过人力资源归因出发直接到达知识共享行为的路径，还包括经过两个中介变量的连续中介作用影响知识共享行为的路径，特别是在5条经过验证的连续中介路径中，有4条中介变量都发挥了完全中介作用。

第6章 研究结论与讨论

6.1 研究结论

本书以计划行为理论为主要框架,通过对来自北京、黑龙江、陕西和新疆等省、自治区、直辖市从事金融行业的,涉及中、基层管理和一线销售人员的327套样本的调查结果,基于多层线性回归的计量分析,检验了人力资源归因对员工知识共享行为的影响,并解释了其中的作用机制。研究结果表明,承诺型人力资源归因能够正向影响员工的知识共享行为,控制型人力资源归因则负向影响员工的知识共享行为,且上述两种影响效应能够分别通过知识共享态度和知识共享意愿、知识共享主观规范和知识共享意愿、知识共享知觉行为控制和知识共享意愿的连续中介作用所中介。

6.1.1 人力资源归因对知识共享行为的影响

本研究提出的假设H1a和H1b分别描述了承诺型和控制型人力资源归因对知识共享行为的影响,是对整个研究模型主效应的假设。研究结果显示,这两个假设均得到验证。这表明,当员工越强烈地感知到其所在组织实行的招聘、培训、福利和薪酬等一系列人力资源管理政策的目的是为客户提供优质的服务和提升员工幸福感和企业形象时,往往就越能够做出更多的知识共享行为;而当员工越强烈地感知到所在的组织实行这一系列人力资源管理政策仅仅是为了最大限度利用员工为企业谋利的时候,其所做出的知识共享行为就会越少。这一点也与其他类似研究结论相吻合,即做出承诺型人力资源归因的个体,其行为往往会表现出更多积极方面,而做出控制型人力资源归因的个体,其行为中积极的方面会有所减少(Nishii et al.,2008;Vooder 和 Beijer,2015;黄昱方和吴畑霖,2017)。

6.1.2 人力资源归因对知识共享其他有关因素的影响

为体现整个模型框架的严谨性,本研究中的假设 H2a、H2b、H3a、H3b、H4a、H4b、H5a、H5b、H6、H8、H10、H12、H13、H15、H17 对框架内人力资源归因、知识共享态度、知识共享主观规范、知识共享知觉行为控制、知识共享意愿和知识共享行为之间的关系均进行了检验。结果显示,除假设 H3b 外,其余假设均得到验证,表明研究框架中各变量间结构较为稳定,大部分均与计划行为理论所提框架中两两因素相关关系相符合,为整个模型的验证奠定了基础。

假设 H3b,即控制型人力资源归因负向影响知识共享主观规范未能得到验证,本研究认为这种情况的出现可能出于如下原因:员工在感知到公司实施的人力资源管理政策的目的是最大限度榨取员工价值时,对于领导和公司就员工知识共享行为所赋予的压力可能会出现两种截然不同的感知。一种感知与研究假设一致,即认为领导和公司在经营过程中对于最大价值的追求是一种只看重眼前利益的短期行为,会迫使员工利用所有工作时间及精力投入生产,以在短期内获得最大产出,不支持员工间知识共享这种更像是长期投资,投入产出存在延迟的行为;而另一种感知会认为知识共享作为企业知识管理的重要手段和提升组织绩效的有力途径(Iyamah & Ohiorenoya,2015;朱秀梅等,2011),员工将自身知识共享出去后,完全符合领导和公司最大限度利用员工价值这一目的,在这种情况下,虽然他们做出控制型人力资源归因,但仍然更倾向于认为领导和公司支持员工的知识共享行为。因此,上述两种对主观规范完全相反的感知解释了控制型人力资源归因难以对知识共享主观规范形成有效预测的原因。

6.1.3 知识共享态度、主观规范、知觉行为控制和意愿的中介作用

为进一步检验整个模型框架的稳定性，本研究将整个模型分为前、后两个部分，中间部分重合，分别进行验证。

在第一部分中，假设 H7a、H7b、H9a、H9b、H11a、H11b 分别提出知识共享态度、知识共享主观规范和知识共享知觉行为控制能够中介人力资源归因对知识共享意愿的效应。结果显示，除假设 H9b，上述其余假设均得到支持，即当员工感知到公司实施的人力资源管理政策是为了提供优质服务和提升公司形象时，会更加倾向于做出知识共享行为，更能感知到领导和公司对于知识共享行为的支持，以及更能感受到自己具备进行知识共享的能力和决定权，从而提升自己进行知识共享的意愿。而当员工感知到公司实施的人力资源管理政策是为了最大限度榨取员工价值时，会对知识共享持更为消极的态度，缺乏进行知识共享的自信，从而降低知识共享的意愿。

假设 H9b，即控制型人力资源归因能够通过知识共享主观规范的中介作用负向影响知识共享意愿未能得到验证。如前文所述，控制型人力资源归因无法对知识共享主观规范形成有效预测，因此也难以通过主观规范的中介作用影响知识共享意愿。

第二部分中，主要是对计划行为理论在知识共享中的应用进行检验。假设 H14、H16 和 H18 分别提出知识共享态度、主观规范、知觉行为控制分别可以通过知识共享意愿的中介作用预测知识共享行为。结果显示，该部分假设均得到支持，表明员工对于知识共享的态度越积极，领导和公司对知识共享越认可，员工对自己能够共享知识越自信，就会有更加强烈的知识共享意愿，并最终产生更多频次、更高质量的知识共

享行为。

6.1.4 知识共享态度、主观规范、知觉行为控制和意愿的连续中介作用

模型框架内各项变量间的关系大部分都得到验证，表明模型内部结构较为稳定。在此基础上，本研究通过假设 H19a、H19b、H20a、H20b、H21a、H21b 对整个模型框架进行检验。结果显示，除假设 H20b 外，其余上述假设均获得支持，表明做出不同类型人力资源归因的员工，可以分别通过知识共享态度和知识共享意愿、知识共享主观规范和知识共享意愿、知识共享知觉行为控制和知识共享意愿的连续中介作用预测知识共享行为。

同时，计划行为理论框架模型的大部分内容在本研究中得到验证。通过应用该理论，揭示了人力资源归因对知识共享行为的作用机制。具体表现为企业内做出承诺型人力资源归因的员工，其表现出的知识共享态度、知识共享主观规范和知识共享知觉行为控制都会有较高的水平，而这三个因素又促进了该名员工知识共享意愿的提升。最终这种较高的知识共享意愿会引导员工做出更多的知识共享行为。与此相反，企业内做出控制型人力资源归因的员工，其表现出的知识共享态度和知识共享知觉行为控制水平普遍较低，而在这两个因素的作用下，会降低该员工的知识共享意愿，最终这种较低的知识共享意愿会阻碍员工做出知识共享行为。

假设 H20b，即控制型人力资源归因通过知识共享主观规范和知识共享意愿的连续中介对知识共享行为产生负向影响未能获得支持，这点与前文提及的控制型人力资源归因无法显著预测知识共享主观规范，以及知识共享主观规范无法中介控制型人力资源归因对知识共享意愿相符合。根据计划行为理论，态度、主观规范和知觉行为控制三者可通过意愿的作用影响行为，有时三者一起发生作用，有时仅其中部分因素发生

作用（Ajzen，1991）。因此，结合前文解释的控制型人力资源归因，无法对知识共享主观规范形成有效预测的现实客观原因，假设 H20b 无法获得支持也可以理解。

6.2　理论贡献

本研究的创新点主要体现在以下四个方面：

6.2.1　弥补人力资源归因对知识共享行为影响的研究缺陷

本研究进一步拓展了知识共享影响因素研究。以往已经有大量涉及有关知识共享影响因素的研究，这些研究多从个体性格、组织管理、组织文化等方面出发，探寻能够影响知识共享的因素。其中也有部分研究将聚焦点放在人力资源管理，如人力资源实践（Cabrera & Cabrera，2005；何俊琳等，2018；何会涛、彭继生，2008）、合作导向人力资源管理（Pascual et al.，2019）、高承诺工作系统（田立法，2015）、高绩效工作系统（朱春玲、陈晓龙，2013）、内、外部人力资源管理（Munoz et al.，2019）、战略人力资源管理（汪晓媛、宋典，2010）、关系绩效（赵书松、廖建桥，2013）、合理的绩效评估过程（McDermott & O'Dell，2001），均是从人力资源管理角度出发，探讨其对知识共享行为的影响效应。这些研究均从管理实践设置、匹配程度、员工理解程度、战略目标一致性等角度出发，探讨知识共享行为的影响因素，并取得了一定成果。然而，归因理论指出，个体会对某一事件的发生进行归因，并会对其后续行为产生影响（Weiner，2008）。因此，对人力资源实践管理政策实施目的的归因同样是人力资源管理领域的重要研究内容，但是有关这一内容对个体知识共享影响效应的研究还存在缺陷。本研究在以往有关人力资源管理研究基础上，从全新视角引入人力资源归因概念，探究其对知识共享行为的影响效应，并揭示其中的作用机制。

这无疑实现了人力资源管理研究的拓展，弥补了缺陷，对人力资源管理影响知识共享行为的研究形成有效补充。

6.2.2 拓展了人力资源归因概念在中国情境下的应用

人力资源归因这一概念自出现以来就一直被学界关注。不过，尽管Nishii等（2008）关于人力资源归因的研究在过去12年间被引用超过1 100次，但是有关人力资源归因的实证研究却比较少见。基于国内情境的研究目前仅有两篇（黄昱方，吴畑霖，2017；Chen & Wang，2014），分别验证了人力资源归因对组织绩效、组织支持感和离职意愿的影响，体现了人力资源归因在组织成果和个体态度方面的预测作用，但对个体行为的预测并未提及。而本研究将人力资源归因作为自变量，探讨其对知识共享行为的预测作用，是人力资源归因概念在中国情境下首次尝试对个体行为的预测。在此之外，研究还验证了人力资源归因对知识共享态度、知识共享主观规范、知识共享知觉行为控制和知识共享意愿四方面的影响效应，实现了就人力资源归因对个体喜好感知、重要他者压力感知、自我效能感知和行为意愿等因素产生的影响进行验证。通过实证分析，本研究对人力资源归因在个体态度、感知和意愿方面的影响效应研究进行了重要补充，进一步验证了人力资源归因概念在中国情境下的应用情况，从理论上丰富了这一概念的内涵，能够为后续有关研究提供借鉴意义。

6.2.3 对人力资源归因量表做了大幅度本土化修订

原有人力资源归因量表题项较多，仅在承诺型和控制型两个维度下就有20个题项，为调查带来了不便。同时该量表此前在国内使用较少，且未有中文版本。本研究通过邀请具有一定资质的翻译人员，展开了严谨的翻译—回译程序，并严格按照量表开发步骤，根据国内实情重新修订量表。修订后量表题目降为8项，提升了调查的效率。此外，本研究根据访谈结果，针对承诺型人力资源感知，在原始题项"使员工感到被重视和尊重，提升其自身幸福感"和"向客户提供优质服务"外，补充加入"对外树立公司良好形象"，这是一种全新的尝试。融入新题项的量表表现出良好的信度和效度，表明该量表在中国情景下的应用能够发挥优良效果。同时，新问题的加入也体现了中国情境下员工对组织外部形象的关注，并且根据研究结果，这种关注可作为承诺型人力资源归因的有机构成发挥效用，对个体的积极行为进行预测。

6.2.4 验证了计划行为理论整体框架及其内部稳定性

计划行为理论自提出以来，在管理学、营销学和传播学领域已得到广泛应用。然而，回顾以往文献，部分在计划行为理论的使用上往往只截取其中部分变量构成研究模型（Bock & Kim，2002；Bock et al.，2005）。本研究将计划行为理论框架整体引入，并以人力资源归因作为引发和强化个体有关凸显信念的因素，从而对态度、主观规范和知觉行为控制发生作用。此外，本研究还进一步验证了计划行为理论框架内部的稳定性，具体表现为对框架内每一组相关变量均做了假设验证，并将整体框架前后拆分为两个中介模型，分别验证了知识共享态度、知识共享主观规范和知识共享知觉行为控制在人力资源归因对知识共享意愿影响中的中介作用，以及知识共享意愿分别在知识共享态度、知识共享主观规范和知识共享知觉行为控制对知识共享行为影响中的中介作用。研究结果显示，大部分假设得到了验证，特别是在计划行为理论原有模型架构中，即态度、主观规范和知觉行为控制通过意愿影响行为，所有假设均得到验证。这表明计划行为理论在我国情境下内部结构稳定，对行为的预测整体表现较好，且对行为的发生机理具有一定解释能力，为未来有关研究提供了有效参考。

6.3　实践贡献

研究得到的管理启示主要体现在以下三个方面：

6.3.1　提升对员工人力资源归因的重视程度

同样一套人力资源管理战略，在不同员工的理解下会有不同的结果，而这种偏差对于员工选择是否进行知识共享，及做出其他积极或者消极的行为都可能会产生影响。因此，公司在实施人力资源管理战略时需特别注重对产品、服务本身的关注，并真正将员工视为企业资产，让员工感受到关爱。公司间的竞争首先是核心人才的竞争（林新奇、王富祥，2017），让更多的员工对公司的人力资源管理政策获得积极感受，为公司培育更多核心人才，是使公司在行业内激烈竞争中立于不败之地的重要途径。

6.3.2　对员工承诺型人力资源归因形成有效引导

完善的人力资源管理政策在制定出来后如果无法顺利实施，只是流于形式，其功效将大打折扣。为使人力资源政策对员工态度和行为的影响达到预期，首先需要员工对这些政策在主观上能够充分理解和解释，从而引起态度和行为上的反应（Nishii et al., 2008）。现实社会中，大量公司拥有先进的人力资源管理政策体系却很难推进，例如，生产车间将"计时工资"制度改为"计件工资"，难免会受到一些员工的抵触。员工认为公司更新制度的原因在于盘剥员工的剩余价值。因此，合理且及时的人力资源管理制度培训非常必要，它能使员工正确认识公司实行人力资源管理政策的初衷。"计件工资"不仅是对惰性员工的约束，更是为大部分员工提供了多劳多得、勤劳致富的机会，并最终实现公司与员工的双赢。完善的人力资源管理政策让更多的员工感受到人力资源管理政策的积极方面，如管理背后对于员工幸福感的悉心关怀、对企业服务水平的持续追求，以及对树立外部良好形象的不断努力，这些都能促使员工形成承诺型人力资源归因，并促进其在工作中做出更多类似知识共享的积极行为，也能提升其忠诚度，避免优秀人才的流失。

6.3.3 从态度、主观规范、知觉行为控制等多方面引导员工知识共享

企业经营的成败与人才密切相关（林新奇，2006），需有效利用人才，特别是知识储备，为企业知识管理添砖加瓦。通过研究可以看出，除人力资源归因外，仍有部分因素对员工的知识共享行为能够形成有效影响。

知识共享态度对于知识共享行为具有显著影响作用，公司领导在管理过程中可加强知识共享会对公司和员工带来益处的宣传，使员工从态度上发生转变，将对知识共享的抵触转变为接纳，并最终转变为欢迎。研究结果显示，知识共享主观规范可以促进个体知识共享行为，因此，适当提倡员工间知识共享，安排如计算机软件使用培训等活动为员工知识共享提供条件，让员工能够切实感受到领导和公司对员工知识共享的支持与认可。知识共享知觉行为控制同样正向预测知识共享行为，所以管理者也要给予下属更多的鼓励，并适当提供锻炼机会，提高员工进行知识共享时的自信心。这些管理方法能够从不同角度激发员工共享知识的意愿，并最终引导其做出知识共享行为。

6.3.4 为制定相关人才政策提供理论支持

本书系统性地分析了劳动者对企业人力资源政策感知的不同对其积极行为带来的影响，可以此为侧重点形成相应的人才激励政策，最大化人才使用价值，充分发挥人力资源效能，助力构建一直高质量人才队伍，进而实现人才强国战略目标。

6.4 研究的局限

研究局限主要体现在以下三个方面：

第一，受限于客观条件，研究样本、变量测量仍有完善空间。在实证研究中，327套问卷的数量虽然能够满足基本要求，但仍稍显单薄。同时，样本案例所处行业丰富性有所欠缺。本研究样本虽然来自国内多个省市，地理位置跨度较大，但均来自金融行业，代表性不够充分。此外，变量的测量也存在局限性，本研究涉及量表除人力资源归因量表外，其余均来自国外成熟量表，虽然在国内经过一定验证，但均是基于国外情境开发形成的，将其应用于国内研究不可避免存在一定偏差。

第二，根据以往研究，如主管支持（Cabrera et al., 2006；Kulkarni et al., 2006）、工作特征（苏伟琳、林新奇，2019）、互惠关系（Lin, 2007）、关系强度（郭永辉，2008）等变量已被证实能够对知识共享行为产生显著影响，本研究受样本采集难度、研究时限等客观因素的限制，未能将这些变量作为控制变量纳入其中，因此研究结果难免会受到一定干扰。此外，还需要指出的是，影响知识共享行为的变量远不止上述这些，不排除还有其他可能会对知识共享产生预测作用的变量，本研究亦无法将这些变量全部融入进来。

第三，计划行为理论作为本研究所采用的理论框架，虽然已被众多学者验证，但其自身仍存在一些不足。例如，虽然该理论考虑了态度、主观规范和知觉行为控制对于意愿的影响，但是仍有其他一些因素同样有可能在某种程度左右个体意愿，如恐惧、威胁、心情或者过往经历等。与此同时，尽管该理论提到主观规范，但在现今社会，人们感知到的压力远不止社会压力，在全球环境面临严峻考验、经济形势不容乐观的今天，来自环境和经济的压力也在不断积累，这都有可能对个体的行为意愿产生影响，并最终影响行为。此外，计划行为理论更多的是在静态角度下预测个体的行为，认为行为是线性决策过程的结果，不会随时间发生变化，且该理论并未提及从意愿到行为影响作用的时间架构问题。由此可见，计划行为理论在行为预测完善程度以及动态预测方面仍有一定不足，本研究并未对此展开更进一步的论证。

6.5 未来的研究方向

根据本次研究的过程和成果，未来对类似问题的研究方向可体现在以下五个方面：

第一，人力资源归因的研究尚处于起步阶段，对人力资源归因的理解有待进一步加强，其指导作用还未充分体现出来。为进一步丰富人力资源归因理论的研究，提升其对人力资源实践的指导价值，将来仍需继续进行深入研究。

首先，需加强人力资源归因维度划分研究，现有人力资源归因研究多数都以 Nishii 等（2008）提出的承诺型和控制型两个维度为依据，未来可考虑引入企业竞争优势和企业社会责任等符合当下潮流的因素，以实现新维度的划分。其次，有关人力资源归因前因变量的研究仍较为少见，目前仅有 Voorde 和 Beijer（2015）以及 Hewett 等（2019）做了类似研究。未来研究可针对此薄弱环节进一步加强。最后，根据 Heider（1958）提出的个体进行归因时可能出现的根本性错误偏差，外部归因在对行为进行预测时往往同样会发挥重要的作用，而人力资源归因中外部归因的作用仅在 Nishii 等（2008）的研究中有所提及，且其对员工态度的预测作用并未获得验证，后续其他有关实证研究也均未涉及外部归因。因此，未来研究有必要以外部归因为切入点，进一步探讨人力资源归因与其他变量的关联关系。

第二，本研究以计划行为理论为基础，搭建人力资源归因对知识共享行为的影响作用框架，分析了其中的作用机制。虽然研究结果表明人力资源归因可以分别通过知识共享态度和知识共享意愿、知识共享行为和知识共享意愿、知识共享知觉行为控制和知识共享意愿三条连续中介链条的作用影响知识共享行为，但是是否还有其他中介变量的存在能够进一步解释其中的作用机制还有待进一步研究。例如，已有部分研究表明，人力资源归因对组织支持感有显著影响作用（Chen & Wang, 2014），而组织支持感在个体资质过高对知识共享行为的负向预测中起到中介作用（袁凌、曹洪启、张磊磊，2018），此外，与组织支持感类似的因素如高层支持、主管支持感也被证实对知识共享具有显著影响效应（Hendriks, 1999; McNichols, 2010; Cavaliere & Lombardi, 2015; Amayah, 2013; King & Marks, 2008），因此有理由相信，组织支持感有可能作为中介变量中介人力资源归因对知识共享的影响效应，而对这一假设的验证，以及是否还有其他中介作用的存在，有待后续研究进行验证。

此外，本研究并未涉及人力资源归因对知识共享行为的影响效应是否能够被其他因素调节，未来研究可以此为出发点做一步探讨。

第三，虽然已有大量针对知识共享前因变量的研究，但部分研究结论存在差异，如学习导向氛围、互惠规范、组织支持感、领导类型、组织奖励期待等因素，在部分研究中对知识共享具有显著影响效应，但在其他研究中影响效应并不明显，而外部激励在不同研究中对知识共享行为分别呈现出正向影响效应、负向影响效应及无显著影响效应。这种相互矛盾结果产生的边界条件是什么，是受知识共享者自身某种因素影响，还是所处环境限制，抑或还有其他原因，都值得深入探讨。

除此之外，截至目前，有关知识共享前因变量的研究仍有许多空白或者需要进一步深入的方面。根据印象管理理论，个体行为受所处环境影响，而个体为取悦不同对象，会巧妙地表现出多重的社会自我，而非一个简单而统一的自我（宋强，2013），因此，员工在公司内是否会为了给主管留下好的印象而分享自己的知识（Wang & Noe，2010），这种知识共享行为是否会在员工刚入职急需向公司树立形象时较强，而随着入职年限的增加，自己给公司的印象稳定下来后逐步下降，还有待验证。与此同时，由于阻碍知识共享的因素之一在于对失去知识独特性的威胁（Schuler & Jackson，1987；李佳宾等，2019），因此，知识共享者是否会根据知识接受者的不同而选择性地进行知识共享，如对与自己无竞争关系的个体，与自己能力差距较大的个体，或者对自己的上级领导会主动进行知识共享，而对与自己能够形成竞争的同事或者下属则减少知识共享行为。此外，目前全球已稳步步入 Web 2.0 时代，由用户主导生成内容的互联网模式已经随着各种新兴电脑软件以及移动应用的使用推广开来，个人学习环境应运而生（尹睿、彭丽丽，2015），这种新型 IT 技术的应用对于未来个体知识共享行为是否会有颠覆性影响同样值得关注。变革型领导近年来也备受关注，这一概念强调领导者通过领导魅力、感召力、智力激发和个性化关怀等让员工感受到所承担的责任及其重要性，从而发挥员工潜力并提升工作绩效（Wang、Li & Li，2017），这与承诺型人力资源归因有类似的发生情境。已有研究表明，变革型领导能够带来员工更多的工作投入，较高的工作投入也可能会刺激个体的知识共享行为，因此，未来有关知识共享的研究也可以在领导风格上聚焦，探讨不同领导风格对于知识共享行为的影响，并厘清其中的作用机制。

第四，量表的修订方法可进一步完善。本研究在量表修订工作中初步确定了题项后，主要采用了项目分析法、探索性因子分析、验证性因子分析和信度分析对量表所表征构念和内部题项进行了分析。未来可使用 nomological network analysis 方法做进一步检验，通过比较人力资源归因与类似和不同概念之间的关系，验证人力资源归因量表的效度，从而获得更为严谨的结果。

第五，本研究在样本选取上是以某国企大型金融公司为研究对象，对于中小企业的借鉴作用有待验证。事实上，现有有关知识共享的研究大多关注具备一定成熟度的大型企业（Ibrahim & Heng, 2015），对中小企业的关注较少。而在国家近年来鼓励大众创业、万众创新的大背景下，小微企业不断涌现，日益成为劳动者就业的主渠道。因此，未来在探讨知识共享影响因素时，需要进一步拓展以中小企业员工为对象的研究。另外，本研究在路径验证部分采用的是多层线性回归法，虽然该方法已经十分成熟并被广泛应用，但为进一步确保模型的严谨性，后续研究中可采用结构方程模型工具对整个模型进行二次检验。同时，本研究路径分析部分的样本数量为327套，在未来的研究中可适当增加样本数量，以进一步提升实证结果的可靠性。

附 录

调研问卷一（第一阶段）

十分感谢您抽出宝贵时间填写此份问卷，您所填写的数据对本研究十分重要，感谢您的参与！（所有填写内容仅用于科研，绝不外泄）

指导语：在下面的调查中，我们想要了解您对您所在公司所施行的人力资源管理政策及具体实践的看法。在下面各题项中，请告诉我们您对每一题项中所描述内容的赞成程度。

序号	项目描述	非常同意	同意	不一定	不同意	非常不同意
1	您所在公司为员工提供培训是为了最大化榨取员工价值	1	2	3	4	5
2	您所在公司为员工提供培训是为了对外树立公司良好形象	1	2	3	4	5
3	您所在公司做出雇佣决策（如受雇人员的数量和素质等）是为了最大化榨取员工价值	1	2	3	4	5
4	您所在公司向员工提供福利（如养老金、带薪假期、补充医疗保险、体检、年节福利等）是为了向客户提供优质服务	1	2	3	4	5
5	您所在公司向员工提供福利（如养老金、带薪假期、补充医疗保险、体检、年节福利等）是为了使员工感到被重视和尊重，提升其自身幸福感	1	2	3	4	5

续表

序号	项目描述	非常同意	同意	不一定	不同意	非常不同意
6	您所在公司向员工提供福利（如养老金、带薪假期、补充医疗保险、体检、年节福利等）是为了最大化榨取员工价值	1	2	3	4	5
7	您所在公司向员工支付工资是为了向客户提供优质服务	1	2	3	4	5
8	您所在公司向员工支付工资是为了最大化榨取员工价值	1	2	3	4	5

（注：第2、4、6、7题为承诺型人力资源归因题项，第1、3、5、8题为控制型人力资源归因题项。）

基本信息

1. 您的性别：①男；②女

2. 您的年龄：①在23岁及以下；②在23~30岁；③在31~40岁；④在41~50岁；⑤在50岁以上

3. 您的工作年限：①在2年及以下；②在3~6年；③在7~9年；④在10~15年；⑤在15年以上

4. 您的教育水平：①初中及以下；②高中或中专；③中专或大专；④本科；⑤硕士及以上

5. 您的QQ号码后6位（仅用于数据匹配，绝不外传）：

本阶段调查问卷到此结束，您提交的数据对我们的学术科研工作提供了巨大帮助，衷心感谢您的支持！祝您工作顺心、生活愉快！

调研问卷二（第二阶段）

十分感谢您抽出宝贵时间填写此份问卷，您所填写的数据对本研究十分重要，感谢您的参与！（所有填写内容仅用于科研，绝不外泄）

指导语：在下面的调查中，我们想要了解您对知识共享有关内容的看法。在下面各题项中，请告诉我们您对每一题项中所描述内容的赞成程度。

序号	项目描述	非常同意	同意	不一定	不同意	非常不同意
1	将自己的知识共享给公司同事是愉快的事	1	2	3	4	5
2	将自己的知识共享给公司同事会对我造成损害	1	2	3	4	5
3	将自己的知识共享给公司同事是很享受的体验	1	2	3	4	5
4	将自己的知识共享给公司同事对我很有益	1	2	3	4	5
5	将自己的知识共享给公司同事是明智之举	1	2	3	4	5
6	公司高层领导（CEO）认为我应该与其他员工共享知识	1	2	3	4	5
7	直接上司认为我应该与其他员工共享知识	1	2	3	4	5
8	我的同事认为我应该与其他员工共享知识	1	2	3	4	5
9	通常我会按照公司高层领导的要求去做	1	2	3	4	5
10	通常我会按照直接上司的决定去做，即便和我的想法不同	1	2	3	4	5
11	通常我会尊重我同事的决定并将其付诸实践	1	2	3	4	5
12	我具备完成向同事共享知识的能力	1	2	3	4	5
13	我具备完成向同事共享知识的资源	1	2	3	4	5
14	如果我愿意，我能够向同事共享知识	1	2	3	4	5

续表

序号	项目描述	非常同意	同意	不一定	不同意	非常不同意
15	为了跟上组织新理念、新产品或服务水平,我愿意共享新想法和新知识	1	2	3	4	5
16	我愿意共享自己的专业知识,帮助组织提出的新项目或新想法得以有效实施	1	2	3	4	5
17	我愿意共享知识,提升工作效率	1	2	3	4	5
18	您的QQ号码后6位(仅用于数据匹配,绝不外传)					

(注:第1至5题为知识共享态度题项,第6至11题为知识共享主观规范题项,第12至14题为知识共享知觉行为控制题项,第15至17题为知识共享意愿题项。)

调研问卷三（第二阶段）

十分感谢您抽出宝贵时间填写此份问卷，您所填写的数据对本研究十分重要，感谢您的参与！（所有填写内容仅用于科研，绝不外泄）

指导语：在下面的调查中，我们想要了解您对知识共享有关内容的看法。在下面各题项中，请告诉我们您对每一题项中所描述内容的赞成程度。

序号	项目描述	非常同意	同意	不一定	不同意	非常不同意
1	通过共享知识，有助于彼此知识水平的提升	1	2	3	4	5
2	通过共享知识，比自己独立完成工作任务更迅速	1	2	3	4	5
3	对遇到的工作问题，我们能够熟练地通过交流和共享知识，使问题得以解决	1	2	3	4	5
4	当工作任务完成时，我发觉通过共享知识的方式，能够学到更多新知识	1	2	3	4	5
5	您的QQ号码后6位（仅用于数据匹配，绝不外传）					

（注：第1至4题为知识共享行为题项。）

参考文献

[1] 安世虎,周宏,赵全红.知识共享的过程和背景模型研究［J］.图书情报工作,2006,50（10）：79-81.

[2] 曹玲,顾兵光.社交网络情境下社会资本影响知识共享的效果分析［J］.现代情报,2018,38（02）：41-47.

[3] 曹勇,向阳.企业知识治理、知识共享与员工创新行为：社会资本的中介作用与吸收能力的调节效应［J］.科学学研究,2014,32（01）：92-102.

[4] 董丹萍.跨语种问卷调查中作为翻译质量检测手段的回译有效性研究［J］.教育教学论坛,2016,（19）：61-62.

[5] 方承武,宋随.人力资源管理实践与企业形象的关系研究［J］.安徽工业大学学报（社会科学版）,2014,（01）：30-32.

[6] 冯长利,李天鹏,兰鹰.意愿对供应链知识共享影响的实证研究［J］.管理评论,2014,25（03）：126-134.

[7] 冯帆,杨忠.组织激励与知识共享：员工心理需求的匹配效应［J］.南京社会科学,2009,（05）：44-51.

[8] 顾琴轩,傅一士,贺爱民.知识共享与组织绩效：知识驱动的人力资源管理实践作用研究［J］.南开管理评论,2009,（02）：61-68.

[9] 郭永辉.基于计划行为理论的设计链知识持续分享模型［J］.科学学研究,2008,26（01）：159-165.

[10] 韩清池.面向创新的众包参与意愿影响机理研究：以计划行为理论为分析框架［J］.软科学,2018,（03）：51-54,76.

[11] 何会涛,彭纪生.基于员工—组织关系视角的人力资源管理实践、组织支持与知识共享问题探讨［J］.外国经济与管理,2008,30（12）：52-58.

[12] 何会涛,袁勇志,彭纪生.对员工发展投入值得吗？：发展型人力资源实践对员工知识共享行为及离职意愿的影响［J］.管理评论,2011,23（01）：75-84.

[13] 何俊琳,刘彤,陈毅文.知识共享的影响因素研究：基于TOE框架［J］.科技管

理研究, 2018, 38 (09): 145-153.

[14] 黄昱方, 吴畹霖. 人力资源归因对团队绩效的影响机制研究 [J]. 软科学, 2017, 31 (08): 66-70.

[15] 金辉. 内、外生激励因素与员工知识共享: 挤出与挤入效应 [J]. 管理科学, 2013, (03): 33-46.

[16] 金辉, 李支东, 段光. 集体主义导向、知识属性与知识共享行为研究 [J]. 科研管理, 2019, 40 (11): 236-246.

[17] 金辉, 盛永祥, 罗小芳. 从知识共享到创新行为的跃迁: 集体主义的调节作用 [J]. 软科学, 2020, 34 (02): 92-97.

[18] 金辉, 杨忠, 冯帆. 物质激励、知识所有权与组织知识共享研究 [J]. 科学学研究, 2011, 29 (07): 1036-1046, 1055.

[19] 柯江林, 石金涛. 组织中员工知识分享行为激励机制的比较分析 [J]. 上海交通大学学报, 2006, 40 (09): 111-116.

[20] 李贺, 彭丽徽, 洪闯, 等. 内外生视角下虚拟社区用户知识创新行为激励因素研究 [J]. 图书情报工作, 2019, 63 (08): 45-56.

[21] 李佳宾, 朱秀琴, 汤淑梅. 知识共享研究述评与未来展望 [J]. 情报科学, 2019, 37 (05): 166-172.

[22] 李锐, 田晓明, 孙建群. 自我牺牲型领导对员工知识共享的作用机制 [J]. 南开管理评论, 2014, 17 (05): 24-32.

[23] 李涛, 王兵. 我国知识工作者组织内知识共享问题的研究 [J]. 南开管理评论, 2003, (5): 16-19.

[24] 李巍, 王志章. 网络口碑发布平台对消费者产品判断的影响研究: 归因理论的视角 [J]. 管理学报, 2011, 8 (09): 1345-1352.

[25] 李志宏, 朱桃, 罗芳. 组织气氛对知识共享行为的影响路径研究: 基于华南地区IT企业的实证研究与启示 [J]. 科学学研究, 2010, 28 (06): 96-103.

[26] 林新奇. 日本企业员工培训的组织保障 [J]. 经济与管理研究, 2006, (10): 53-57.

[27] 林新奇, 王富祥. 中国企业"走出去"的人力资源风险及其预警机制 [J]. 中国人力资源开发, 2017, (02): 145-153.

[28] 林新奇, 郑海涛. 国外人力资源归因研究现状和未来展望 [J]. 现代管理科学, 2018, (11): 96-98.

[29] 任怀玉. 试论中国工会工作面临的问题与挑战 [J]. 山东工会论坛, 2017, 23

(02): 1-8.

[30] 商淑秀, 张再生. 虚拟企业知识共享演化博弈分析 [J]. 中国软科学, 2015, (03): 150-157.

[31] 沈其泰, 黄敏萍, 郑伯壎. 团队共享心智模式与知识分享行为: 成员性格特质与性格相似性的调节作用 [J]. 管理学报, 2004, 21 (5): 553-570.

[32] 宋强. 印象管理: 国外研究及启示 [J]. 中国人力资源开发, 2013, (09): 19-24.

[33] 苏伟琳, 林新奇. 工作特征对知识型员工知识共享的影响研究 [J]. 科技管理研究, 2019, (14). 165-171.

[34] 苏中兴. 转型期中国企业的高绩效人力资源管理系统: 一个本土化的实证研究 [J]. 南开管理评论, 2010, (4): 99-108.

[35] 苏中兴, 杨姣. 让员工更加投入的工作: 对高绩效工作系统影响组织绩效内在机制的检验 [J]. 中国人力资源开发, 2016, (01): 67-72, 79.

[36] 孙道银, 李桂娟, 巩见刚. 工作压力对知识共享意愿影响的实证研究 [J]. 经济管理, 2012, 34 (09): 102-111.

[37] 孙锐, 张文勤, 陈许亚. R&D 员工领导创新期望、内部动机与创新行为研究 [J]. 管理工程学报, 2012, (02): 15-24.

[38] 汤淑琴, 陈彪, 陈娟艺. 知识共享对新企业双元机会识别的动态影响研究 [J]. 情报科学, 2018, 36 (01): 143-148, 165.

[39] 唐于红, 赵琛徽, 陶然, 等. 地位竞争动机对个体知识共享行为的影响 [J]. 科技进步与对策, 2020, 37 (1): 1-10.

[40] 田立法. 高承诺工作系统驱动知识共享: 信任关系的中介作用及性别的调节作用 [J]. 管理评论, 2015, 27 (06): 148-159.

[41] 童泽林, 黄静, 张欣瑞, 等. 企业家公德和私德行为的消费者反应: 差序格局的文化影响 [J]. 管理世界, 2015, (04): 103-111, 125.

[42] 汪晓媛, 宋典. 战略人力资源管理对知识整合的作用机制研究: 基于实践社群和社会资本耦合的视角 [J]. 学习与探索, 2010, (04): 167-169.

[43] 王纯, 张宁. 抑郁的归因理论与归因训练 [J]. 中国心理卫生杂志, 2004, 18 (06): 423-425, 435.

[44] 王东, 刘国亮. 虚拟学术社区及其知识共享实现机制研究框架 [J]. 科技进步与对策, 2012, 29 (05): 138-141.

[45] 王国保. 我国知识型员工知识共享多维度量表编制与信效度检验: 兼顾内容与方

向的探索性研究 [J]. 科技进步与对策, 2016, 33 (10): 133-139.

[46] 王丽平, 于志川, 王淑华. 心理距离对知识共享行为的影响研究: 基于组织支持感的中介作用 [J]. 科学学与科学技术管理, 2013, (09): 37-45.

[47] 王言峰, 杨忠. 知识共享研究理论述评 [J]. 南京社会科学, 2010, (06): 37-43.

[48] 翁清雄, 胡啸天, 陈银龄. 职业妥协研究: 量表开发及对职业承诺与工作倦怠的预测作用 [J]. 管理世界, 2018, (04): 113-126, 175.

[49] 翁清雄, 席酉民. 企业员工职业成长研究: 量表编制和效度检验 [J]. 管理评论, 2011, (10): 134-145.

[50] 吴明隆. 结构方程模型-Amos 的操作与应用 [M]. 重庆: 重庆大学出版社, 2010.

[51] 谢晋宇. 人力资源管理模式: 工作生活管理的革命 [J]. 中国社会科学, 2001, (2): 27-37, 204-205.

[52] 谢康, 吴清津, 肖静华. 企业知识分享学习曲线与国家知识优势 [J]. 管理科学学报, 2002, 5 (02): 14-21.

[53] 徐彪. 公共危机事件后政府信任受损及修复机理: 基于归因理论的分析和情景实验 [J]. 公共管理学报, 2014, (02): 32-43, 145.

[54] 徐国华, 杨东涛. 制造企业的支持性人力资源实践、柔性战略与公司绩效 [J]. 管理世界, 2005, (05): 118-123, 176.

[55] 徐世勇, 林琦. 压力状况与知识员工创新素质关系分析 [J]. 中国软科学, 2010, (S1): 178-184.

[56] 徐世勇, 张柏楠, 刘燕君, 等. 情感型领导对同事关系亲密度与员工创新行为的影响: 一个被调节的中介模型 [J]. 科技进步与对策, 2019, 36 (20): 134-143.

[57] 许超, 贺政凯. 个人差异如何影响知识共享行为: 内在动机的多重中介作用 [J]. 科技管理研究, 2019, (5): 153-158.

[58] 许辉, 张娜, 冯永春. 事不关己,"不应"挂起: 外部弱相关事件与B2B企业品牌形象提升机理研究 [J]. 南开管理评论, 2019, 22 (6): 27-39.

[59] 闫岩. 计划行为理论的产生、发展和评述 [J]. 国际新闻界, 2014, 36 (7): 113-129.

[60] 野中郁次郎, 竹内弘高. 创造知识的企业: 日本企业持续创新的动力 [M]. 北京: 知识产权出版社, 2006.

[61] 叶龙, 刘云硕, 郭名. 家长式领导对技能人才知识共享意愿的影响: 基于自我概念的视角 [J]. 技术经济, 2018, (2): 55-62.

[62] 尹睿,彭丽丽.Web2.0个人学习环境的知识共享方式及评价 [J]. 开放教育研究,2015,21 (2): 78-88.

[63] 于丹,等.理性行为理论及其拓展研究的现状与展望 [J]. 心理科学进展,2008,16 (05): 126-132.

[64] 袁凌,曹洪启,张磊磊.资质过高感对员工知识共享行为的影响: 一个被调节的中介模型 [J]. 科技进步与对策,2018,35 (22): 137-143.

[65] 袁勇志,何会涛,彭纪生.支持感知对知识共享行为的影响: 不同支持感知的比较研究 [J]. 心理科学,2010, (5): 1100-1103.

[66] 张红涛,王二平.态度与行为关系研究现状及发展趋势 [J]. 心理科学进展,2007, (1): 165-170.

[67] 张生太,等.知识治理对个体知识共享行为影响的跨层次分析 [J]. 科研管理,2015,36 (2): 133-144.

[68] 张文勤,石金涛,刘云.团队成员创新行为的两层影响因素: 个人目标取向与团队创新气氛 [J]. 南开管理评论,2010, (05): 24-32.

[69] 张毅,游达明.科技型企业员工创新意愿影响因素的实证研究: 基于TPB视角 [J]. 南开管理评论,2014,17 (4): 110-119.

[70] 赵斌,等.科技人员创新行为产生机理研究: 基于计划行为理论 [J]. 科学学研究,2013, (02): 128-139.

[71] 赵书松.绩效考核政治性对个体知识共享行为影响的实证研究 [J]. 南开管理评论,2012, (03): 152-162.

[72] 赵书松.中国文化背景下员工知识共享的动机模型研究 [J]. 南开管理评论,2013, (05): 28-39.

[73] 赵书松,廖建桥.关系绩效考核对员工知识共享行为影响的实证研究 [J]. 管理学报,2013,10 (9): 1323-1329,1351.

[74] 赵曙明,高素英,耿春杰.战略国际人力资源管理与企业绩效关系研究: 基于在华跨国企业的经验证据 [J]. 南开管理评论,2011, (01): 30-37.

[75] 郑万松,孙晓琳,王刊良.基于社会资本和计划行为理论的知识共享影响因素研究 [J]. 西安交通大学学报(社会科学版),2014, (01): 49-54.

[76] 周浩,盛欣怡.管理者征求建言的内在机制 [J]. 心理科学进展,2019,27 (12): 1980-1987.

[77] 朱春玲,陈晓龙.高绩效工作系统、知识共享与员工创造力关系的实证研究 [J]. 经济理论与经济管理,2013,33 (11): 102-112.

[78] 朱秀梅, 张妍, 陈雪莹. 组织学习与新企业竞争优势关系: 以知识管理为路径的实证研究 [J]. 科学学研究, 2011, (05): 107-117.

[79] AJMAL M, HELO P, KEKALE T. Critical factors for knowledge management in project business [J]. Journal of knowledge management, 2010, 14 (1): 156-168.

[80] AJZEN I. The theory of planned behavior [J]. Organizational behavior and human decision processes, 1991, 50 (2): 179-211.

[81] AJZEN I. Perceived behavioral control, self-efficacy, locus of control, and the theory of planned behavior [J]. Social psychology, 2002, 32 (4): 665-683.

[82] AJZEN I. Attitudes, personality, and behavior [M]. NY: McGraw-Hill Education, 2005.

[83] AJZEN I, FISHBEIN M. Understanding attitudes and predicting social behavior [M]. NJ: Englewood Cliffs, 1980.

[84] ALLEN D G, SHORE L M, GRIFFETH R W. The role of perceived organizational support and supportive human resource practices in the turnover process [J]. Journal of management, 2003, 29 (1): 99-118.

[85] AMABILE T M. A model of creativity and innovation in organizations [J]. Research in organizational behavior, 1988, 10 (1): 123-167.

[86] AMAYAH A T. Determinants of knowledge sharing in a public sector organization [J]. Journal of knowledge management, 2013, 19 (3): 454-471.

[87] ARGOTE L, MCEVILY B, REAGANS R. Introduction to the special issue on managing knowledge in organizations: Creating, retaining, and transferring knowledge [J]. Management science, 2003, 49 (4): 5-8.

[88] ASHFORD S J, LEE C, BOBKO P. Content, cause, and consequences of job insecurity: A theory-based measure and substantive test [J]. Academy of management journal, 1989, 32 (4): 803-829.

[89] AULAWI H, et al. Knowledge sharing behavior, antecedent and their impact on the individual innovation capability [J]. Journal of applied sciences research, 2009, 5 (12): 2238-2245.

[90] BABBIE E. The practice of social research [M]. 10th ed, California, CA: Belmont, 2004.

[91] BAKKE E W. The human resources function [R]. Yale Labor and Management Center, 1958.

[92] BAKKER A B, DEMEROUTI E, VERBEKE, W. Using the job demands–resources model to predict burnout and performance [J]. Human resource management, 2004,

43（1）：83-104.

[93] BANDURA A. Self-efficacy: Toward a unifying theory of behavioral change [J]. Psychological Review, 1977, 84（4）：139-161.

[94] BANDURA A. Self-efficacy mechanism in human agency [J]. American Psychologist, 1982, 37（2）：122-147.

[95] BANDURA A. Social foundations of thought and action [M]. New York, NJ: Englewood Cliffs, 1986.

[96] BANDURA A. Social cognitive theory of self-regulation [J]. Organizational behavior and human decision processes, 1991, 50（2）：248-287.

[97] BARNEY J. Firm resources and sustained competitive advantage [J]. Journal of management, 1991, 17（1）：99-120.

[98] BARON R M, KENNY D A. The moderator-mediator variable distinction in social psychological research: conceptual, strategic, and statistical consideration [J]. Journal of personality and social psychology, 1986, 51（6）：1173-1182.

[99] BARTOL K M, SRIVASTAVA A. Encouraging knowledge sharing: The role of organizational reward systems [J]. Journal of leadership & organizational studies, 2002, 9（1）：64-76.

[100] BEER M, et al. Managing human assets: I. A general manager's perspective [J]. Personnel administrator, 1985, 30（1）：60-69.

[101] BILGIHAN A, et al. Consumer perception of knowledge-sharing in travel-related online social networks [J]. Tourism management, 2016, 52（1）：287-296.

[102] BLAU P M. Exchange and power in social life [M]. London: Routledge, 2017.

[103] BOCK G W, KIM Y G. Breaking the myths of rewards: An exploratory study of attitudes about knowledge sharing [J]. Information resources management journal, 2002, 15（2）：14-21.

[104] BOCK G W, et al. Behavioral intention formation in knowledge sharing: examining the roles of extrinsic motivators, social-psychological forces, and organizational climate [J]. MIS quarterly, 2005, 29（1）：87-111.

[105] BORG I, ELIZUR D. Job insecurity: Correlates, moderators and measurement [J]. International journal of manpower, 1992, 13（2）：13-26.

[106] BOWEN D E, OSTROFF C. Understanding HRM-firm performance linkages: The role of the "strength" of the HRM system [J]. Academy of management review, 2004, 29

(2): 203-221.

[107] BRADSHAW A, PULAKANAM V, CRAGG P. Knowledge sharing in IT consultant and SME interactions [J]. Australasian journal of information systems, 2015, 19 (1): 197-217.

[108] BROWN T J, DACIN PA. The company and the product: Corporate associations and consumer product responses [J]. Journal of marketing, 1997, 61 (1): 68-84.

[109] BROWNE M W, CUDECK R. Alternative ways of assessing model fit [J]. Sociological methods & research, 1993, 21 (2): 230-258.

[110] BYRNE B M. Structural equation modeling with Mplus: Basic concepts, applications, and programming [M]. London: Routledge, 2013.

[111] CABRERA A, CABRERA E F. Knowledge-sharing dilemmas [J]. Organization studies, 2002, 23 (5): 687-710.

[112] CABRERA A, COLLINS W C, SALGADO J F. Determinants of individual engagement in knowledge sharing [J]. International journal of human resource management, 2006, 17 (2): 245-264.

[113] CABRERA E F, CABRERA A. Fostering knowledge sharing through people management practices [J]. The international journal of human resource management, 2005, 16 (5): 720-735.

[114] CAVALIERE V, LOMBARDI S. Exploring different cultural configurations: How do they affect subsidiaries' knowledge sharing behaviors? [J]. Journal of knowledge management, 2015, 19 (2): 141-163.

[115] CHEN D, WANG Z. The effects of human resource attributions on employee outcomes during organizational change [J]. Social behavior and personality: An international journal, 2014, 42 (9): 1431-1443.

[116] CHEN J, SUN P Y, MCQUEEN R J. The impact of national cultures on structured knowledge transfer [J]. Journal of knowledge management, 2010, 14 (2): 228-242.

[117] CHENNAMANENI A. Determinants of knowledge sharing behaviors: developing and testing an integrated theoretical model [D]. Texas: The University of Texas at Arlington in Partial Fulfillment, 2007.

[118] CHIU C M, HSU M H, WANG E T. Understanding knowledge sharing in virtual communities: An integration of social capital and social cognitive theories [J]. Decision support systems, 2006, 42 (3): 1872-1888.

[119] CHOU S W, CHANG Y C. An empirical investigation of knowledge creation in electronic networks of practice: Social capital and theory of planned behavior (TPB) [R]. 41st Hawaii International Conference on Systems Science, Waikoloa, HI, 2008.

[120] CHUMG H F, et al. Factors affecting knowledge sharing in the virtual organisation: Employees' sense of well–being as a mediating effect [J]. Computers in human behavior, 2015, 44 (1): 70-80.

[121] CIALDINI R B, KALLGREN C A, RENO R R. A focus theory of normative conduct: A theoretical refinement and reevaluation of the role of norms in human behavior [J]. Advances in experimental social psychology, 1991, 24 (1): 201-234.

[122] COLLINS C J, SMITH K G. Knowledge exchange and combination: The role of human resource practices in the performance of high–technology firms [J]. Academy of management journal, 2006, 49 (3): 544-560.

[123] CONNER M, MCMILLAN B. Interaction effects in the theory of planned behaviour: Studying cannabis use [J]. British journal of social psychology, 1999, 38 (2): 195-222.

[124] CONNER M, NORMAN P, BELL R. The theory of planned behavior and healthy eating [J]. Health psychology, 2002, 21 (2): 194-201.

[125] CONSTANT D, KIESLER S, SPROULL L. What's mine is ours, or is it? A study of attitudes about information sharing [J]. Information systems research, 1994, 5 (4): 400-421.

[126] CUMMINGS J L, TENG B S. Transferring R&D knowledge: The key factors affecting knowledge transfer success [J]. Journal of engineering and technology management, 2003, 20 (1-2): 39-68.

[127] CUMMINGS J N. Work groups, structural diversity, and knowledge sharing in a global organization [J]. Management science, 2004, 50 (3): 352-364.

[128] DAVENPORT T H, PRUSAK L. Information ecology: mastering the information and knowledge environment [M]. London: Oxford University Press, 1997.

[129] DAVENPORT T H, PRUSAK L. Working knowledge: how organizations manage what they know [M]. Boston, MA: Harvard Business Press, 1998.

[130] DESHPANDE R, FARLEY J U, WEBSTER F E JR. Corporate culture customer orientation, and innovativeness in Japanese firms: A quadrad analysis [J]. Journal of marketing, 1993, 57 (1): 23-37.

[131] DE LONG D W, FAHEY L. Diagnosing cultural barriers to knowledge management [J]. Academy of management perspectives, 2000, 14 (4): 113-127.

[132] DEVELLIS R F. Scale development: theory and applications [M]. London: Sage Publications, 2016.

[133] DONG Y, et al. Enhancing employee creativity via individual skill development and team knowledge sharing: influences of dual-focused transformational leadership [J]. Journal of Organizational Behavior, 2017, 38 (3): 439-458.

[134] DRUCKER, P. The practice of management [M]. New York, NJ: Routledge, 2012.

[135] DUTTON J E, DUKERICH J M, HARQUAIL C V. Organizational images and member identification [J]. Administrative science quarterly, 1994, 39 (2): 239-263.

[136] EICHHOL Z M, 1999, Judging by media coverage? CEO images in the press and the fortune America's most admired companies' survey [C]. Annual Conference of the International Communication Association, San Francisco, CA, 1999.

[137] EISENBERGER R, et al. Perceived organizational support, discretionary treatment, and job satisfaction [J]. Journal of applied psychology, 1997, 82 (5): 812-820.

[138] ERDEN Z, VON KROGH G, KIM S. Knowledge sharing in an online community of volunteers: The role of community munificence [J]. European management review, 2012, 9 (4): 213-227.

[139] FANG S C, YANG C W, HSU W Y. Inter-organizational knowledge transfer: The perspective of knowledge governance [J]. Journal of knowledge management, 2013, 17 (6): 943-957.

[140] FARLEY S D, STASSON M F. Relative influences of affect and cognition on behavior: Are feelings more related to blood donation intentions? [J]. Experimental Psychology, 2003, 50 (1): 55-62.

[141] FISHBEIN M, AJZEN I. Belief, attitude, intention, behavior [M]. Massachusetts, MA: Addision-Wesley, 1975.

[142] FISKE S T, TAYLOR S E. Social cognition [M]. New York: McGraw-Hill, 1991.

[143] FOLKMAN S, LAZARUS R S. Stress, appraisal, and coping [M]. New York: Springer Publishing Company, 1984: 150-153.

[144] FONG B, W, NGUYEN T T, XU Y. Knowledge transfer across dissimilar cultures [J]. Journal of knowledge management, 2013, 17 (1): 29-46.

[145] FONTINHA R, CHAMBEL M J, DE CUYPER N. HR attributions and the dual

commitment of outsourced IT workers [J]. Personnel review, 2012, 41 (6): 832-848.

[146] FORD D P, STAPLES S. Are full and partial knowledge sharing the same? [J]. Journal of knowledge management, 2010, 14 (3): 394-409.

[147] FOSS N J, et al. Encouraging knowledge sharing among employees: How job design matters [J]. Human resource management, 2009, 48 (6): 871-893.

[148] FOSS N J, PEDERSEN T. Transferring knowledge in MNCs: The role of sources of subsidiary knowledge and organizational context [J]. Journal of international management, 2002, 8 (1): 49-67.

[149] FULLWOOD R, ROWLEY J. An investigation of factors affecting knowledge sharing amongst UK academics [J]. Journal of knowledge management, 2017, 21 (5): 1254-1271.

[150] FULLWOOD R, ROWLEY J, DELBRIDGE R. Knowledge sharing amongst academics in UK universities [J]. Journal of knowledge management, 2013, 17 (1): 123-136.

[151] GAGNÉ M. A model of knowledge - sharing motivation [J]. Human resource management and knowledge processes, 2009, 48 (4): 571-589.

[152] GHOBADI S, D'AMBRA J. Knowledge sharing in cross-functional teams: A coopetitive model [J]. Journal of knowledge management, 2012, 16 (2): 285-301.

[153] GIOIA D A, SCHULTZ M, CORLEY K G. Organizational identity, image, and adaptive instability [J]. Academy of management review, 2000, 25 (1): 63-81.

[154] GIST M E, MITCHELL T R. Self-efficacy: A theoretical analysis of its determinants and malleability [J]. Academy of management review, 1992, 17183-211.

[155] GRANT R M. Toward a knowledge-based theory of the firm [J]. Strategic management journal, 1996, 17 (2): 109-122.

[156] GREENHALGH L, ROSENBLATT Z. Job insecurity: Toward conceptual clarity [J]. Academy of management review, 1984, 9 (3): 438-448.

[157] GURURAJAN V, FINK D. Attitudes towards knowledge transfer in an environment to perform [J]. Journal of knowledge management, 2010, 14 (6): 828-840.

[158] GUZZO R A, NOONAN K A, ELRON E. Expatriate managers and the psychological contract [J]. Journal of applied psychology, 1994, 79 (4): 617-626.

[159] HAAS M R, CRISCUOLO P, GEORGE G. Which problems to solve? Online knowledge sharing and attention allocation in organizations [J]. Academy of

management journal, 2015, 58 (3): 680-711.

[160] HAGGER M S, CHATZISARANTIS N L. First and higher order models of attitudes, normative influence, and perceived behavioural control in the theory of planned behaviour [J]. British journal of social psychology, 2005, 44 (4): 513-535.

[161] HARTNELL C A, et al. A meta-analytic test of organizational culture's association with elements of an organization's system and its relative predictive validity on organizational outcomes [J]. Journal of applied psychology, 2019, 104 (6).

[162] HAN K. How does employee develop HR attribution?: The moderating role of LMX and RLMX in the relationships of HR system, HR attribution, and its consequences [D]. New Brunswick: Rutgers University, 2016.

[163] HEIDER F. The psychology of interpersonal relationships [M]. New York, NJ: John Wiley & Sons, 1958.

[164] HENDRIKS P. Why share knowledge? The influence of ICT on the motivation for knowledge sharing [J]. Knowledge and process management, 1999, 6 (2): 91-100.

[165] HEWETT R, SHANTZ A, MUNDY J. Information, beliefs, and motivation: The antecedents to human resource attributions [J]. Journal of organizational behavior, 2019, 40 (5): 570-586.

[166] HEWETT R, et al. Attribution theories in human resource management research: A review and research agenda [J]. The international journal of human resource management, 2018, 29 (1): 87-126.

[167] HINKIN T R. Research in organizations: Foundations and methods in inquiry-scale development principles and practices [M]. San Francisco, CA: Berrett-Koehler Publishers, 2005, 161-179.

[168] HSU M H, et al. Knowledge sharing behavior in virtual communities: the relationship between trust, self-efficacy, and outcome expectations [J]. International journal of human-computer studies, 2007, 65 (2): 153-169.

[169] HULT G T M, et al. Information processing, knowledge development, and strategic supply chain performance [J]. Academy of management journal, 2004, 47 (2): 241-253.

[170] HUSELID M A. The impact of human resource management practices on turnover, productivity, and corporate financial performance [J]. Academy of management journal, 1995, 38 (3): 635-672.

[171] IBRAHIM S, HENG L H. Sustaining knowledge in SMEs: Integrating workplace learning in enhancing knowledge sharing behavior [J]. International journal of scientific & engineering research, 2015, 6 (2): 491-498.

[172] ICHHEISER G. Misunderstandings in human relations: A study in false social perception [J]. American journal of sociology, 1949, 55 (2): 68-70.

[173] INKPEN A C, TSANG E W. Social capital, networks, and knowledge transfer [J]. Academy of management review, 2005, 30 (1): 146-165.

[174] IPE M. Knowledge sharing in organizations: a conceptual framework [J]. Human resource development review, 2003, 2 (4): 337-359.

[175] IYAMAH F A, OHIORENOYA J O. Knowledge sharing and performance in the Nigerian oil and gas industry [J]. InInformation and knowledge management, 2015, 5 (3): 82-90.

[176] JAIN K K, SANDHU M S, GOH S K. Organizational climate, trust and knowledge sharing: Insights from Malaysia [J]. Journal of Asia business studies, 2015, 9 (1): 54-77.

[177] JENSEN J M, PATEL P C, MESSERSMITH J G. High-performance work systems and job control: Consequences for anxiety, role overload, and turnover intentions [J]. Journal of management, 2013, 39 (6): 1699-1724.

[178] JEON S, KIM Y G, KOH J. An integrative model for knowledge sharing in communities-of-practice [J]. Journal of knowledge management, 2011, 15 (2): 251-269.

[179] JILL A W C W C, MCKINNON L, HARRISON G L. Organizational cultural: association with commitment, job satisfaction, propensity to remain, and information sharing in Taiwan [J]. Journal of development studies, 2003, 39 (6): 1-22.

[180] JONES E E, DAVIS K E. From acts to dispositions the attribution process in person perception [J]. Advances in experimental social psychology, 1965, 2 (1): 219-266.

[181] JONES E E, DAVIS K E, GERGEN K J. Role playing variations and their informational value for person perception [J]. Journal of abnormal and social psychology, 1961, 63 (2): 302-310.

[182] JONES E E, NISBETT R E. The Actor and the observer: Divergent perceptions of their behavior [M]. New York, NJ: General Learning Press, 1972.

[183] JONES M C. Tacit knowledge sharing during ERP implementation: A multi-site case

study [J]. Information Resources Management Journal, 2005, 18 (2): 1-23.

[184] JONES S. Employee rights, employee responsibilities and knowledge sharing in intelligent organization [J]. Employee responsibilities and rights journal, 2002, 14 (2): 69-78.

[185] KAMRANI F, ALI U. Urdu translation and adaptation of fenigstein paranoia scale [J]. International journal of business and social science, 2011, 2 (16): 228-237.

[186] KANKANHALLI A, TAN B C, WEI K K. Contributing knowledge to electronic knowledge repositories: An empirical investigation [J]. MIS quarterly, 2005, 29 (1): 113-143.

[187] KATOU A A, BUDHWAR P S, PATEL C. Content vs. process in the HRM-performance relationship: An empirical examination [J]. Human resource management, 2014, 53 (4): 527-544.

[188] KELLEY H H. Attribution theory in social psychology [M]. Nebraska, NE: University of Nebraska Press, 1973.

[189] KELLEY H H. The processes of causal attribution [J]. American psychologist, 1973, 28 (2): 107-128.

[190] KELLEY H H, MICHELA J L. Attribution theory and research [J]. Annual Review of Psychology, 1980, 31 (1): 457-501.

[191] KIM S, LEE H. The impact of organizational context and information technology on employee knowledge-sharing capabilities [J]. Public administration review, 2006, 66 (3): 370-385.

[192] KING W R, MARKS P V. Motivating knowledge sharing through a knowledge management system [J]. Omega, 2008, 36 (1): 131-146.

[193] KORMAN, ABRAHAM K. Toward an hypothesis of work behavior [J]. Journal of applied psychology, 1970, 54 (1, Pt. 1): 31-41.

[194] KOYS D J. Fairness, legal compliance, and organizational commitment [J]. Employee responsibilities and rights journal, 1991, 4 (4): 283-291.

[195] KROON B, VOORDE K, VELDHOVEN M V. Cross-level effects of high-performance work practices on burnout: Two counteracting mediating mechanisms compared [J]. Personnel review, 2009, 38 (5): 509-525.

[196] KUBO I, SAKA A, PAN S L. Behind the scenes of knowledge sharing in a Japanese bank [J]. Human Resource Development International, 2001, 4 (4): 465-485.

[197] KULKARNI U R, RAVINDRAN S, FREEZE R. A knowledge management success model: Theoretical development and empirical validation [J]. Journal of management information systems, 2006, 23 (3): 309-347.

[198] KUO F Y, YOUNG M L. Predicting knowledge sharing practices through intention: A test of competing models [J]. Computers in human behavior, 2008, 24 (6): 2697-2722.

[199] KWOK S H, GAO S. Attitude towards knowledge sharing behavior [J]. Journal of computer information systems, 2005, 46 (2): 45-51.

[200] LEDERER A L, SETHI V. Critical dimensions of strategic information systems planning [J]. Decision sciences, 1991, 22 (1): 104-119.

[201] LEE J H, KIM Y G, KIM M Y. Effects of managerial drivers and climate maturity on knowledge-management performance: Empirical validation [J]. Information resources management journal, 2006, 19 (3): 48-60.

[202] LI J, CHANG X, LIN L, MA L. Meta-analytic comparison on the influencing factors of knowledge transfer in different cultural contexts [J]. Journal of knowledge management, 2014, 18 (2): 278-306.

[203] LIEBOWITZ J. A knowledge management strategy for the Jason organization: a case study [J]. Journal of computer information systems, 2004, 44 (2): 1-5.

[204] LIEBOWITZ J, MEGBOLUGBE I. A set of frameworks to aid the project manager in conceptualizing and implementing knowledge management initiatives [J]. International journal of project management, 2003, 21 (3): 189-198.

[205] LILLEOERE A M, HOLME HANSEN E. Knowledge-sharing enablers and barriers in pharmaceutical research and development [J]. Journal of knowledge management, 2011, 15 (1): 53-70.

[206] LIN H F. Impact of organizational support on organizational intention to facilitate knowledge sharing [J]. Knowledge management research & practice, 2006, 4 (1): 26-35.

[207] LIN H F. Effects of extrinsic and intrinsic motivation on employee knowledge sharing intentions [J]. Journal of information science, 2007, 33 (2): 135-149.

[208] LIN H F, LEE G G. Effects of socio-technical factors on organizational intention to encourage knowledge sharing [J]. Management decision, 2006, 44 (1): 74-88.

[209] LOEBBECKE C, VAN FENEMA P C, POWELL P. Managing inter-organizational knowledge sharing [J]. Journal of strategic information systems, 2016, 25 (1): 4-14.

[210] LUO B N, LUI S S, KIM Y. Revisiting the relationship between knowledge search breadth and firm innovation [J]. Management decision, 2017, 55 (1): 2-14.

[211] LUO B N, et al. Knowledge exploration and innovation: A review and an inverse S-curve proposition [J]. Journal of management & organization, 2018, 24 (6): 870-892.

[212] LUO X, BHATTACHARYA C B. Corporate social responsibility, customer satisfaction, and market value [J]. Journal of marketing, 2006, 70 (4): 1-18.

[213] MA Z, et al. What matters for knowledge sharing in collectivistic cultures? Empirical evidence from China [J]. Journal of knowledge management, 2014, 18 (5): 1004-1019.

[214] MAEL F, ASHFORTH B E. Alumni and their alma mater: A partial test of the reformulated model of organizational identification [J]. Journal of organizational behavior, 1992, 13 (2): 103-123.

[215] MAK A, et al. Confucian thinking and the implications for sustainability in HRM [J]. Asia-Pacific journal of business administration, 2014, 6 (3): 173-189.

[216] MATZLER K, et al. Personality traits and knowledge sharing [J]. Journal of economic psychology, 2008, 29 (3): 301-313.

[217] MCADAM R, MOFFETT S, PENG J. Knowledge sharing in Chinese service organizations: A multi case cultural perspective [J]. Journal of knowledge management, 2012, 16 (1): 129-147.

[218] MCDERMOTT R, O'DELL C. Overcoming cultural barriers to sharing knowledge [J]. Journal of knowledge management, 2001, 5 (1): 76-85.

[219] MCNICHOLS D. Optimal knowledge transfer methods: A Generation X perspective [J]. Journal of knowledge management, 2010, 14 (1): 24-37.

[220] MIAO Y, CHOE S, SONG J. Transferring subsidiary knowledge in the global learning context [J]. Journal of knowledge management, 2011, 15 (3): 478-496.

[221] MILLER D T, ROSS M. Self-serving biases in the attribution of causality: Fact or fiction? [J]. Psychological Bulletin, 1975, 82 (2): 213.

[222] MITCHELL T R, KALB L S. Effects of job experience on supervisor attributions for a subordinate's poor performance [J]. Journal of applied psychology, 1982, 67 (2): 181-188.

[223] MOORADIAN T, RENZL B, MATZLER K. Who trusts? Personality, trust and knowledge sharing [J]. Management learning, 2006, 37 (4): 523-540.

[224] MUÑOZ-PASCUAL L, GALENDE J, CURADO C. Human resource management

[225] NAHAPIET J, GHOSHAL S. Social capital, intellectual capital, and the organizational advantage [J]. Academy of management review, 1998, 23 (2): 242-266.

[226] NAKANO D, MUNIZ J, BATISTA E. D. Engaging environments: Tacit knowledge sharing on the shop floor [J]. Journal of knowledge management, 2013, 17 (2): 290-306.

[227] NISHII L H, LEPAK D P, SCHNEIDER B. Employee attributions of the "why" of HR practices: Their effects on employee attitudes and behaviors, and customer satisfaction [J]. Personnel psychology, 2008, 61 (3): 503-545.

[228] NONAKA I. A dynamic theory of organizational knowledge creation [J]. Organization science, 1994, 5 (1): 14-37.

[229] NONAKA I, TAKEUCHI H. The knowledge-creating company: How Japanese companies create the dynamics of innovation [M]. London: Oxford University Press, 1995.

[230] NUNNALLY J C. Psychometric theory [M]. 2d Ed, London: McGraw-Hill, 1978.

[231] O'DELL C, GRAYSON C J. If only we knew what we know: Identification and transfer of internal best practices [J]. California management review, 1998, 40 (3): 154-174.

[232] OKEBUKOLA P A. Relationships among anxiety, belief system, and creativity [J]. The journal of social psychology, 1986, 126 (6): 815-816.

[233] OSTERLOH M, FREY B S. Motivation, knowledge transfer, and organizational forms [J]. Organization Science, 2000, 11 (5): 538-550.

[234] PALICH L E, GOMEZ-MEJIA L R. A theory of global strategy and firm efficiencies: considering the effects of cultural diversity [J]. Journal of management, 1999, 25 (4): 587-606.

[235] PANAHI S, WATSON J, PARTRIDGE, H. Towards tacit knowledge sharing over social web tools [J]. Journal of knowledge management, 2013, 17 (3): 379-397.

[236] PODSAKOFF P M, et al. Common method biases in behavioral research: A critical review of the literature and recommended remedies [J]. Journal of applied psychology, 2003, 88 (5): 879-903.

[237] POLANYI M. The logic of tacit inference [J]. Philosophy, 1966, 41 (155): 1-18.

[238] PUCK J, RYGL D, KITTLER M. Cultural antecedents and performance consequences of open communication and knowledge transfer in multicultural process-innovation teams

[J]. Journal of organisational transformation & social change, 2007, 3, 223-241.

[239] QURESHI A M A, EVANS N. Deterrents to knowledge-sharing in the pharmaceutical industry: a case study [J]. Journal of knowledge management, 2015, 19 (2): 296-314.

[240] RANJBARFARD M. et al. The barriers of knowledge generation, storage, distribution and application that impede learning in gas and petroleum companies [J]. Journal of knowledge management, 2014, 18 (3): 494-522.

[241] RATHI D, GIVEN M L, FORCIER E. Interorganisational partnerships and knowledge sharing: The perspective of non-profit organizations (NPOs) [J]. Journal of knowledge management, 2014, 18 (5): 867-885.

[242] REINHOLT M I A, PEDERSEN T, FOSS N J. Why a central network position isn't enough: The role of motivation and ability for knowledge sharing in employee networks [J]. Academy of management journal, 2011, 54 (6): 1277-1297.

[243] RENZL B. Trust in management and knowledge sharing: the mediating effects of fear and knowledge documentation [J]. The international journal of management science, 2008, 36 (2): 206-220

[244] RIVIS A, SHEERAN P. Descriptive norms as an additional predictor in the theory of planned behavior: a meta-analysis [J]. Current psychology, 2003, 22 (3): 218-233.

[245] ROBINSON J P, SHAVER P R. Measures of social psychological attitudes [R]. The Institute for Social Research, 1973.

[246] ROSS L. The intuitive psychologist and his shortcomings: distortions in the attribution process [J]. Advances in experimental social psychology, 1977, 10 (1): 173-220.

[247] ROTTER J B. Generalized expectancies for internal versus external control of reinforcement [J]. Psychological monographs: General and applied, 1966, 80 (1): 1-28.

[248] RUGGLES R. The state of the notion: Knowledge management in practice [J]. California management review, 1998, 40 (3): 80-89.

[249] RUPPEL C P, HARRINGTON S J. Sharing knowledge through intranets: A study of organizational culture and intranet implementation [J]. IEEE transactions on professional communication, 2001, 44 (1): 37-52.

[250] RUTTEN W, BLAAS-FRANKEN J, MARTIN H. The impact of (low) trust on knowledge sharing [J]. Journal of knowledge management, 2016, 20 (2): 199-214.

[251] SAFA N S, VON SOLMS R. An information security knowledge sharing model in organizations [J]. Computers in human behavior, 2016, 57 (4): 442-451.

[252] SANDERS K, YANG H, KIM S. The moderating effect of employees' HR attribution on HRM-employee outcomes linkages [M]//Academy of management proceedings (Vol. 2012, No. 1, p. 12233). Briarcliff Manor, NY: Academy of Management, 2012.

[253] SCARBROUGH H. Knowledge management, HRM and the innovation process [J]. International journal of manpower, 2003, 24 (5): 501-516.

[254] SCHEPERS P, VAN DEN BERG P T. Social factors of work-environment creativity [J]. Journal of business and psychology, 2007, 21 (3): 407-428.

[255] SCHMIT M J, ALLSCHEID S P. Employee attitudes and customer satisfaction: Making theoretical and empirical connections [J]. Personnel psychology, 1995, 48 (3): 521-536.

[256] SCHOORMAN F D, MAYER R C, DAVIS J H. An integrative model of organizational trust: past, present, and future [J]. Academy of management review, 2007, 32 (2): 344-354.

[257] SCHULER R S, JACKSON S E. Linking competitive strategies with human resource management practices [J]. Academy of management executivey, 1987, 1 (3): 207-219.

[258] SCOTT S G, BRUCE R A. Determinants of innovative behavior: a path model of individual innovation in the workplace [J]. Academy of management journal, 1994, 37 (3): 580-607.

[259] SHANTZ A, et al. The effect of HRM attributions on emotional exhaustion and the mediating roles of job involvement and work overload [J]. Human resource management journal, 2016, 26 (2): 172-191.

[260] SHEPPARD B H, HARTWICK J, WARSHAW PR. The theory of reasoned action: A meta-analysis of past research with recommendations for modifications and future research [J]. Journal of consumer research, 1988, 15 (3): 325-343.

[261] SINGH J. Performance productivity and quality of frontline employees in service organizations [J]. Journal of marketing, 2000, 64 (2): 15-34.

[262] SMITH A D. Perception and belief [J]. Philosophy and phenomenological research, 2001, 62 (2): 283-309.

[263] SNELL R S, WU C X, LEI H W. Junzi virtues: A Confucian foundation for harmony within organizations [J]. Asian journal of business ethics, 2022, 11 (1): 183-226.

[264] SONG S. An internet knowledge sharing system [J]. The journal of computer information systems, 2001, 42 (3): 25-30.

[265] SPENDER J C, GRANT R M. Knowledge and the firm: Overview [J]. Strategic management journal, 1996, 17 (2): 5-9.

[266] SRIVASTAVA A, BARTOL K M, LOCKE E A. Empowering leadership in management teams: Effects on knowledge sharing, efficacy, and performance [J]. Academy of management journal, 2006, 49 (6): 1239-1251.

[267] SUPPIAH V, SINGH SANDHU M. Organisational culture's influence on tacit knowledge-sharing behaviour [J]. Journal of knowledge management, 2011, 15 (3): 462-477.

[268] TAMINIAU Y, SMIT W, DE LANGE A. Innovation in management consulting firms through informal knowledge sharing [J]. Journal of knowledge management, 2009, 13 (1): 42-55.

[269] TANDUNG J C. The link between HR attributions and employees' turnover intentions [J]. Gadjah mada international journal of business, 2016, 18 (1): 55-69.

[270] TARKIAINEN A, SUNDQVIST S. Subjective norms, attitudes and intentions of Finnish consumers in buying organic food [J]. British food journal, 2005, 107 (11): 808-822.

[271] TAYLOR W A, WRIGHT G H. Organizational readiness for successful knowledge sharing: Challenges for public sector managers [J]. Information resources management journal, 2004, 17 (2): 22-37.

[272] TENG J T, SONG S. An exploratory examination of knowledge-sharing behaviors: Solicited and voluntary [J]. Journal of knowledge management, 2011, 15 (1): 104-117.

[273] TIERNEY P, FARMER S M. Creative self-efficacy development and creative performance over time [J]. Journal of applied psychology, 2011, 96 (2): 277-293.

[274] TIWANA A. The knowledge management toolkit: Orchestrating IT, strategy, and knowledge platforms [M]. India: Pearson Education, 2002.

[275] TRAFIMOW D, et al. Evidence that perceived behavioural control is a multidimensional construct: perceived control and perceived difficulty [J]. British journal of social psychology, 2002, 41 (1): 101-121.

[276] TSAI W. Social structure of "coopetition" within a multiunit organization: coordination, competition, and intraorganizational knowledge sharing [J]. Organization science, 2002, 13 (2): 179-190.

[277] UPMEYER A, SIX B. Strategies for exploring attitudes and behavior [M]//Attitudes

and behavioral decisions. New York, NY: Springer, 1989: 1-18.

[278] VALIZADE D, et al. A mutual gains perspective on workplace partnership: Employee outcomes and the mediating role of the employment relations climate [J]. Human resource management journal, 2016, 26 (3): 351-368.

[279] VAN BUREN III H J, GREENWOOD M, SHEEHAN C. Strategic human resource management and the decline of employee focus [J]. Human resource management review, 2011, 21 (3): 209-219.

[280] VAN DE VOORDE K, BEIJER S. The role of employee HR attributions in the relationship between high-performance work systems and employee outcomes [J]. Human resource management journal, 2015, 25 (1): 62-78.

[281] VAN DEN HOOFF B, DE LEEUW VAN WEENEN F. Committed to share: commitment and CMC use as antecedents of knowledge sharing [J]. Knowledge and process management, 2004, 11 (1): 13-24.

[282] VAN DEN HOOFF B, DE RIDDER J A. Knowledge sharing in context: the influence of organizational commitment, communication climate and CMC use on knowledge sharing [J]. Journal of knowledge management, 2004, 8 (6): 117-130.

[283] VAN DEN HOOFF B, SCHOUTEN A P, SIMONOVSKI S. What one feels and what one knows: The influence of emotions on attitudes and intentions towards knowledge sharing [J]. Journal of knowledge management, 2012, 16 (1): 148-158.

[284] VINARSKI-PERETZ H, CARMELI A. Linking care felt to engagement in innovative behaviors in the workplace: The mediating role of psychological conditions [J]. Psychology of aesthetics, creativity, and the arts, 2011, 5 (1): 43-53.

[285] WAH C Y, et al. Social capital and knowledge sharing in knowledge-based organizations: an empirical study [J]. International journal of knowledge management, 2007, 3 (1): 29-48.

[286] WALSH J P. Selectivity and selective perception: an investigation of managers' belief structures and information processing [J]. Academy of management journal, 1988, 31 (4): 873-896.

[287] WANG J, et al. Confucian values and the implications for international HRD [J]. Human resource development international, 2005, 8 (3): 311-326.

[288] WANG S, NOE R A. Knowledge sharing: a review and directions for future research [J]. Human resource management review, 2010, 20 (2): 115-131.

[289] WANG Z, LI C, LI X. Resilience, leadership and work engagement: The mediating role of positive affect [J]. Social indicators research, 2017, 132 (2): 699-708.

[290] WANG Z, WANG N, LIANG H. Knowledge sharing, intellectual capital and firm performance [J]. Management decision, 2014, 52 (2): 230-258.

[291] WASKO M M, FARAJ S. Why should I share? Examining social capital and knowledge contribution in electronic networks of practice [J]. MIS quarterly, 2005, 29 (1): 35-57.

[292] WEINER B. A theory of motivation for some classroom experiences [J]. Journal of educational psychology, 1979, 71 (1): 3-25.

[293] WEINER B. An attributional theory of achievement motivation and emotion [J]. Psychological review, 1975, 92 (4): 548-573.

[294] WEINER B. Reflections on the history of attribution theory and research: People, personalities, publications, problems [J]. Social psychology, 2008, 39 (3): 151-156.

[295] WEINER B, HECKHAUSEN H, MEYER W U. Causal ascriptions and achievement behavior: A conceptual analysis of effort and reanalysis of locus of control [J]. Journal of personality and social psychology, 1972, 21 (2): 239-248.

[296] WEISS L M. Collection and connection: The anatomy of knowledge sharing in professional service firms [M]//Academy of Management Proceedings (Vol. 1999, No. 1, pp. A1-A6). New York, NY: Academy of Management, 1999.

[297] WHITENER E M. Do "high commitment" human resource practices affect employee commitment?: A cross-level analysis using hierarchical linear modeling [J]. Journal of management, 27 (5): 515-535.

[298] WILKINSON N, et al. The Sage handbook of human resource management [M]. London, UK: Sage, 2009.

[299] WILLEM A, SCARBROUGH H. Social capital and political bias in knowledge sharing: An exploratory study [J]. Human relations, 2006, 59 (10): 1343-1370.

[300] WOLFE et al. Knowledge sharing: the effects of incentives, environment, and person [J]. Journal of information systems, 2008, 22 (2): 53-76.

[301] WU C H, GRIFFIN M A. Longitudinal relationships between core self-evaluations and job satisfaction [J]. Journal of applied psychology, 2012, 97 (2): 331-342.

[302] XUE Y, BRADLEY J, LIANG H. Team climate, empowering leadership, and knowledge sharing [J]. Journal of knowledge management, 2011, 15 (2): 299-312.

[303] YANG C, CHEN L C. Can organizational knowledge capabilities affect knowledge sharing behavior? [J]. Journal of information science, 2007, 33 (1): 95-109.

[304] YANG J T. Antecedents and consequences of knowledge sharing in international tourist hotels [J]. International journal of hospitality management, 2010, 29 (1): 42-52.

[305] ZAHRA S A, NEUBAUM D O, LARRAÑETA B. Knowledge sharing and technological capabilities: The moderating role of family involvement [J]. Journal of business research, 2007, 60 (10): 1070-1079.

[306] ZÁRRAGA C, BONACHE J. Assessing the team environment for knowledge sharing: an empirical analysis [J]. International journal of human resource management, 2003, 14 (7): 1227-1245.

[307] ZELLNER C. The economic effects of basic research: evidence for embodied knowledge transfer via scientists' migration [J]. Research policy, 2003, 32 (10): 1881-1895.

[308] ZHAO R Y, CHEN B K. Study on enterprise knowledge sharing in ESN perspective: A Chinese case study [J]. Journal of knowledge management, 2013, 17 (3): 416-434.

[309] ZHOU K Z, LI C B. How knowledge affects radical innovation: knowledge base, market knowledge acquisition, and internal knowledge sharing [J]. Strategic management journal, 2012, 33 (9): 1090-1102.

[310] ZHOU K Z, et al. Market orientation, job satisfaction, product quality, and firm performance: Evidence from China [J]. Strategic management journal, 2008, 29 (9): 985-1000.

[311] ZHOU S, SIU F, WANG M. Effects of social tie content on knowledge transfer [J]. Journal of knowledge management, 2010, 14 (3): 449-463.